rowohlts monographien
herausgegeben
von
Wolfgang Müller

Achim von Arnim

in Selbstzeugnissen
und Bilddokumenten
dargestellt von
Helene M. Kastinger Riley

Rowohlt

Dieser Band wurde eigens für «rowohlts monographien» geschrieben
Den Anhang besorgte die Autorin
Herausgeber: Kurt Kusenberg · Redaktion: Beate Möhring
Schlußredaktion: K. A. Eberle
Umschlaggestaltung: Werner Rebhuhn
Vorderseite: Achim von Arnim. Aquarell von Stroehling, um 1804.
Bildarchiv Preußischer Kulturbesitz, Berlin
Rückseite: «Des Knaben Wunderhorn». Titelkupfer

Veröffentlicht im Rowohlt Taschenbuch Verlag GmbH,
Reinbek bei Hamburg, Juli 1979
Copyright © 1979 by Rowohlt Taschenbuch Verlag GmbH,
Reinbek bei Hamburg
Alle Rechte an dieser Ausgabe vorbehalten
Satz Times (Linotron 404)
Gesamtherstellung Clausen & Bosse, Leck
Printed in Germany
680-ISBN 3 499 50277 1

14.–15. Tausend Mai 1994

Inhalt

Ludwig Achim von Arnim. Zeichnung von Clemens Brentano

Vorbemerkung

Ludwig Achim von Arnim ist der Nachwelt vor allem durch seine Volksliedsammlung *Des Knaben Wunderhorn* sowie durch seine meisterhaften
Novellen bekannt. Selten aber ist uns von einem Dichter so wenig über
seine persönlichen Verhältnisse und über seine Beziehungen zu Zeitgenossen überliefert worden. Von seiner Kindheit und seinen Schuljahren
weiß man fast nichts; die Editionen seiner Briefe an Vater und Bruder
werden erst jetzt vorgenommen; selbst von seinem umfangreichen Briefwechsel mit Clemens und Bettina Brentano und den Brüdern Grimm ist
nur ein Teil, und dieser auszugsweise, gedruckt. Aus der Vielfalt seiner
Briefe an Freunde und Bekannte sind nur wenige publiziert, die meisten
verstreut in diversen wissenschaftlichen Zeitschriften. Ähnlich ist die
Situation in bezug auf eine Gesamtausgabe seiner Werke. Die nach
Arnims Tod von Wilhelm Grimm herausgegebenen *Sämmtlichen Werke*
enthalten nur einen Teil von Arnims Schaffen; sie umfassen weder alle
seine dichterischen Arbeiten noch die vielen Aufsätze und kleineren
Schriften. Inzwischen ist eine beträchtliche Anzahl dieser Handschriften
durch Kriegsereignisse zerstört worden, durch die Versteigerung des
Nachlasses im Jahre 1929 in Privatbesitz übergegangen oder in einzelnen
Archiven aufbewahrt und in Vergessenheit geraten. Selbst diejenigen
Schriften Arnims, die noch zu seinen Lebzeiten in Zeitschriften veröf-
fentlicht wurden, sind heute nur noch schwer zugänglich, weil diese
Journale jetzt oft zu den Raritäten gehören. Aus diesen Gründen meinte
Max Koch schon 1891, daß ein «eigenes Mißgeschick . . . in litterarge-
schichtlicher Hinsicht über Arnim und seinen Werken zu walten»
scheine.[1]*
  Nach fast 90 Jahren hat sich die Situation nur wenig gebessert, und die
alten Vorurteile, die sich aus Mangel an Einsicht in und Verständnis von
Arnims Schaffen und Persönlichkeit gebildet haben, finden erst langsam
ihre Berichtigung. Diese Studie versucht, einiges zur Neusicht dieses so
wichtigen romantischen Dichters beizutragen. Deshalb stützen sich die
Erläuterungen so weit wie möglich auf die neuesten Forschungsergebnis-
se, während für das bereits Bekannte auf den bibliographischen Teil
hingewiesen wird. Diejenigen Quellen, die in den Anmerkungen als
handschriftliches Material mit Archivnummern bezeichnet sind, befinden
sich in Vorbereitung zum Druck und werden in Kürze erscheinen. Bei der
Diskussion von Arnims Werk konnte nur ein kleiner Teil seines Gesamt-

* Die hochgestellten Ziffern verweisen auf die Anmerkungen S. 128 f.

Die Mutter: Amalie Caroline, geb. Labes

schaffens berücksichtigt werden. Die Auswahl der hier näher charakterisierten Werke erfolgte deshalb vom Gesichtspunkt ihrer Relevanz zum besseren Verständnis des Autors und seiner besonderen Interessengebiete. Auch hier wurde Neuediertes und weniger Bekanntes einbezogen, während manche beliebte und oft behandelte Novelle übergangen wird. Eine kurze Besprechung der kleineren Schriften schien im Bereich einer Gesamtdarstellung schon deshalb vonnöten, weil diese Arbeiten Arnims einen großen Teil seiner schriftlichen Hinterlassenschaft darstellen und bisher kaum beachtet worden sind. Daß bei Arnims umfangreichem Opus immer nur einige wenige Arbeiten diskutiert werden konnten, versteht sich von selbst. Überhaupt sieht dieses Buch seine Aufgabe mehr darin, neues Interesse an diesem Romantiker zu entfachen, als alte und vielfach überholte Vorstellungen von dem Dichter und seinem Werk weiterzuleiten.

Elternhaus und Kindheit

Carl Joachim Friedrich Ludwig von Arnim wurde am 26. Januar 1781 in Berlin geboren und dort am 14. Februar, wie das Kirchenbuch von St. Marien verzeichnet, «in der Noth als am Todestage seiner Frau Mutter»[2] getauft. Über Arnims Kindheit ist äußerst wenig bekannt. Er scheint sie zwar in Geborgenheit, aber ohne die liebende Fürsorge eines guten Elternhauses verbracht zu haben. Sofort nach dem Tod der Mutter, die an den Folgen der Geburt starb, nahm Arnims Großmutter ihre beiden Enkel zu sich. Dem Vater zahlte sie 1000 Taler, *damit er seine näheren Ansprüche nicht geltend machte*[3]. Die damals fünfzigjährige Witwe Caroline von Labes, eigenwillig, zäh und praktisch von Natur, mit der Verwaltung ihrer Güter vollauf beschäftigt, war in den folgenden Jahren die einzige unter den vielen Verwandten Arnims, die sich um den kleinen Louis (wie das Kind genannt wurde) und um seinen zwei Jahre älteren Bruder Karl Otto («Pitt») kümmerte. Caroline von Labes, ursprünglich aus bürgerlichem Hause, war eine kluge und weitsichtige Frau, deren Erziehung ihr eine höhere Bildung versagte und die ihre Energie und Neigung dem wirtschaftlichen Aspekt zuwandte. Eine geistige Verbindung zwischen ihr und dem empfindsamen, lerneifrigen Knaben entstand nie. Später berichtet Arnim über die Kindheit seiner Großmutter und erkennt darin die Basis für ihre Charakterentwicklung: *Bei allem Reichthum herrschte die strengste Ersparniß* im Elternhaus der Großmutter. *Die Kinder wurden mit Aengstlichkeit zur Thätigkeit angehalten, so daß eigentlich nur Abends ein paar Freistunden fielen. Und auch diese Abendstunden wurden im Sommer dazu verwendet, daß die Kinder unter den Augen der Gouvernante und des Hofmeisters sich im anständigen, zierlichen Gange üben mußten.* Obwohl Caroline ungewöhnliche intellektuelle Gaben besaß, wurden diese nicht weiter ausgebildet. Die Verhältnisse im Elternhaus seiner Großmutter brachten Arnim zu dem Schluß, daß *ungeachtet ich an meinem Zustande manches auszusetzen hatte . . . doch eine bessre Zeit in die Welt gekommen* sei.[4] Die strenge Zucht des elterlichen Hauses kam Caroline im späteren Leben zustatten. 1753 heiratete sie als Dreiundzwanzigjährige den 45 Jahre alten Michael Gabriel Fredersdorff, Kammerdiener und Günstling Friedrichs II. Der kranke, bettlägerige und grämliche Fredersdorff starb fünf Jahre später und hinterließ Caroline das Gut Zernikow, welches er von Friedrich dem Großen als Geschenk erhalten hatte. Sehr bald nach Fredersdorffs Tod heiratete Caroline wieder. Diese Ehe wurde aber schon nach kurzer Frist wieder geschieden, und im Juli 1760 vermählte sie sich mit dem Kammerherrn Hans Labes.

Der Großvater:
Freiherr von Labes

Ihm gebar sie im folgenden Jahr eine Tochter, Amalie Caroline, die Arnims Mutter wurde. Hans Labes war geltungsbedürftig und skurril. Wie Caroline stammte er ursprünglich aus bürgerlichem Hause, dem er als Knabe entlief. Außerordentlich gute Schulerfolge in Hannover ermöglichten ihm das Universitätsstudium. Arnim charakterisiert in einer kurzen biographischen Skizze den weiteren Lebenslauf seines Großvaters folgendermaßen: *Nachher machte er sich durch freiwillige wichtige Dienste im auswärtigen Departement unter Friedrichs II. Augen verdient. Als Resident bei einigen süddeutschen Höfen, durch persönlichen Einfluß bei einer Fürstin, wußte er deren Vorbereitungen des siebenjährigen Krieges nachzuspüren, nach dessen Ausbruch er, auf Arbeiten im Departement beschränkt, durch eigenthümliche Unbeugsamkeit und manchen Uebermuth den Haß des Königs sich zuzog.*[5] Kaiser Franz I. hatte ihn 1763 in den Freiherrnstand erhoben, der König von Preußen weigerte sich jedoch, diese Ehre anzuerkennen. Erst mehr als zehn Jahre nach dem Tod ihres Gatten, Anfang Oktober 1786, erhielt Caroline für sich und ihren Sohn, dem zweiten Kind aus ihrer Ehe mit Labes, vom preußischen König das Adelsdiplom.

Auch diese Ehe forderte von Caroline viel Langmut. Durch seine Heirat mit Caroline Erbherr auf Zernikow geworden, verwaltete Hans Labes das Gut, von übergroßer Ambition getrieben, mit einer Freigebigkeit, die seiner finanziellen Lage nicht entsprach. *Sein Keller wäre vortrefflich besetzt gewesen*, schreibt Arnim, *wenn er nicht die Leidenschaft gehabt hätte, durch Mischung verschiedenartiger guter Weine etwas noch Besseres hervorzubringen. Diesen Mischungen gab er kuriose Namen, wie Mickmack, Hickhack, er besaß davon große Fässer. Seine Trinkgelage wurden von allen Großen des Reichs besucht.*[6] Labes besaß jedoch auch eine sehr umfangreiche Bibliothek, die für die frühe geistige Entwicklung seines Enkels von außerordentlicher Bedeutung war. Er hatte sie zum Teil durch seine Forderung erworben, daß jeder seiner Freunde ein Buch dazu beitrage. Außer drückenden Schulden trug ihm seine freie und exzentrische Lebensweise auch die Geringschätzung seiner Bekannten ein, so daß er sich bald vom Berliner Gesellschaftsleben abschloß und sich vollkommen auf Zernikow zurückzog. Arnim schreibt darüber: *Dort ließ er sich . . . als römischer Imperator, der milde Sitten und Künste einführt, in Kupfer stechen. Dort war es, wo er, schon krank, noch durch Erkaufung des polnischen Indigenats nach der polnischen Königskrone durch Rußlands Vermittelung strebte. Und diese Vermittelung suchte er zu erhalten, indem er auf Katharina Medaillen prägen ließ und den reisenden Großfürsten in einem kostbaren Zelte durch seinen Dorfkrüger und Jäger, die er prachtvoll als Stallmeister hatte anziehen lassen, auf dem Wege nach Rheinsberg bewirthete. Er selbst lag damals schon auf dem Todesbette, und von den Kuchen, die er dahin gesendet und die zurückgekommen, weil der Großfürst mit dem Gefolge sich nicht beim Zelte verweilt hatte, wurde noch bei seinem Leichenbegängnis geschmaust.*[7]

Nach dem Tod ihres Gatten im Jahre 1776 zeigte sich Carolines Charakterstärke. Mit Hilfe diverser Verwalter setzte sie die Betreuung ihrer Güter selbst fort. Ihre Sparsamkeit und ihr Geschäftssinn ermöglichten es ihr, trotz der auf sie überkommenen Schulden schon 1780 die Herrschaft Bärwalde mit Schloß Wiepersdorf zu erwerben. Das Gut war als Mitgift für ihre Tochter Amalie bestimmt, die 1777 den aus altem märkischem Adel stammenden Joachim Erdmann von Arnim geheiratet hatte. Während der Wintermonate wohnte Caroline von Labes mit den beiden Söhnen ihrer verstorbenen Tochter in Berlin «Am Quarrée 4», wo die Kinder von 1789 bis 1793 den Bau des Brandenburger Tors verfolgen konnten. Im Sommer zog die kleine Familie regelmäßig nach Zernikow. Arnim schrieb später über seine Großmutter: *Von ihrer Stärke mag es ein Beweis sein, daß sie oft nach Berlin und zurück nach Potsdam an einem Tage ritt, zu einer Zeit, wo dieser Weg noch größer und ungeebnet war, also wirklich acht Meilen betrug. Ich habe ein Bild von ihr in dem Reitkleide gesehen, es war eine halbmännliche grüne Tracht, der schwarze Hut dreieckig und aufgeschlagen mit einem Steine. Sie ritt auch wie Männer.*[8]

Den Künsten war Caroline von Labes nur bedingt zugetan und für die spätere literarische Beschäftigung ihres Enkels hatte sie wenig Verständnis. Ihr Sinn für das Schöne erschöpfte sich in einer Vorliebe für sentimentale Ornamentik, die ihr aus ihrem eigenen Elternhaus in Erinnerung war. Arnim schreibt: *Das Daum'sche Haus, das damals von vielen Fremden besichtigt wurde, war im Flur mit steinernen Fliesen ausgelegt, der Garten mit steinernen Figürchen besetzt, die meine Großmutter sich vorbehielt, als sie später das Haus an ärmere Verwandte verschenkte. Diese steinernen Figuren haben mir als Kind auf dem Gute Zernikow große Freude gemacht, es waren meist lachende Buben mit Trommel und Pfeife.*[9]

Gut Zernikow. Aquarell von G. Biedermann, 1944

Trotz seinem Verständnis für das Wesen seiner Großmutter waren Arnims Erinnerungen an seine Kindheit nicht glücklich. In einem Brief an Goethe vom Februar 1806 bekennt er: *Ganz lose bin ich auch nur an Berlin gebunden, ich wohne noch in einem Wirthshause, um mich nicht einheimisch zu fühlen in einer der hohläugigen Strassen; die Laternen darin sind mir noch die freundlichsten Fenster. Es steht hier noch, wie eine Mauer, die trübe gepreßte Luft einer zwangvollen Kinderstube, aus der ich mich in verzweifelnder Langeweile in allerley Gelehrsamkeit stürzte, die nachher in wärmerer Sonne bis auf wenige Neigen rein verdampfte.*[10] Diese Gelehrsamkeit setzte schon früh ein. Der erste erhaltene Brief Arnims an seinen Vater, der das Datum des 10. September 1788 trägt, zeigt eine geübte Handschrift und einen sicheren, gewandten Schreibstil. Arnim selbst scheint in späteren Jahren über diesen Brief verwundert gewesen zu sein, denn er trug in seiner späteren Handschrift die Anmerkung ein: *Ich war 7 Jahr alt! A. Arnim.*[11] Die frühen Briefe Arnims an seinen Vater zeugen aber auch von der seelischen Vernachlässigung, die den Kindern von seiten des Vaters zuteil wurde. Am 29. Dezember 1789 schreibt der Achtjährige: *Fast mit jeder umgehenden Post habe ich auf ein gütiges Antworts Schreiben gehofft indem ich schon im August von Zernikow aus an Sie geschrieben habe. Ich kann mir Ihr langes Stillschweigen auf keiner andere Art erklären als daß entweder mein Brief verloren gegangen ist, oder Sie vieler Geschäefte wegen nicht haben antworten können.*[12] Bitten

Die Großmutter: Caroline Marianne Elisabeth von Labes, geb. Daum

um Beantwortung der Briefe, Fragen nach dem Gesundheitszustand des Vaters usw. tauchen in den Schreiben an den Vater immer wieder auf. Im allgemeinen sind die Briefe unverbindlich und mit der Höflichkeit verfertigt, die man einem Fremden entgegenbringt. Kaum je schreibt Arnim etwas Persönliches an Joachim Erdmann, der seine Zeit meist auf seinem Gut Friedenfelde zubrachte. Arnim deutet das Mißverhältnis zwischen ihm und seinem Vater in einem Brief an Clemens Brentano an, indem er dem Freund den Tod des Vaters meldet: *Ich habe meinen Vater wenig gekannt, aber darum schmerzte es mich tiefer*, schreibt er am 2. März 1804.

13

*Mir ist nichts von ihm geblieben als vielleicht etwas Vermögen, ich weiß
nicht wie viel.*[13]

Joachim Erdmann stammte aus dem Gerswalder Zweig der Familie
Arnim, der seit 1463 dort erbsässig war. Beim Tod seines Vaters, Otto
von Arnim, wurde der Besitz durch das Los unter die dreizehn noch
lebenden von den ursprünglich zwanzig Geschwistern verteilt. Joachim
Erdmanns Anteil bestand aus Neudorf, dem Gut Kölpin, dem Ackerhof
Stiern und einem alten Bauerndorf Kaakstedt sowie 885 Morgen Wald.
Nachdem er einige Semester Rechtswissenschaften in Frankfurt an der

Brief des jungen Achim an seinen Vater

Der Vater:
Joachim Erdmann
von Arnim.
Zeitgenössisches
Bildnis

Oder studiert hatte, kaufte der Zweiundzwanzigjährige das nahe seinem Gut Neudorf gelegene Schloß Friedenfelde mit den dazugehörigen 500 Morgen Land. Bald danach wurde Joachim Erdmann zum preußischen Gesandten in Kopenhagen ernannt, von wo er 1774 wieder abberufen wurde. Friedrich II. machte ihn sodann zum Gesandten am Dresdner Hof, rief ihn jedoch schon ein Jahr später mit dem Bescheid vom 19. Januar 1776 zurück: «Je veux Vous ouvrir une nouvelle carrière et vous confier le poste de Directeur de Mes spectacles.»[14] Wie Arnim in seinem Aufsatz *Sammlungen zur Theatergeschichte* berichtet, war die Aufgabe seines Vaters als Directeur ebenso schwierig wie undankbar. Der König war oft mehr als sparsam bei der Zuteilung der notwendigen Gelder für Gagen und Kostüme, bestand aber auch oft darauf, Programm, Rollenbesetzung und Vortragsart selbst zu bestimmen. Der Intendant war deshalb hauptsächlich Vermittler zwischen Friedrich und den Künstlern, wobei es vielfach zu internen Zwisten kam. Aus jener kurzen Intendantenzeit Joachim Erdmanns stammte eine Freundschaft mit Johann Friedrich Reichardt, die sich später auch auf die Kinder der beiden Männer

Das Joachimsthalsche Gymnasium in Berlin

übertrug. Nach seiner Heirat mit Amalie Labes, die noch in seine Intendantenzeit fiel, wohnte Joachim Erdmann meist in Friedenfelde und sorgte umsichtig für seine Güter. Er unterhielt jedoch auch eine Wohnung in Berlin, wo er als erster Deputierter der kurmärkischen Ritterschaft tätig war.

Mehr als der Vater kümmerte sich Arnims Onkel, der spätere Graf Schlitz, um die Erziehung und das Wohlbefinden der beiden Knaben. An ihm hing Arnim mit zärtlicher Zuneigung, wie aus seinen Briefen an ihn hervorgeht. Er prägte auch in vieler Hinsicht Arnims Lebenseinstellung, wie zum Beispiel seine Liebe zu landwirtschaftlicher und gärtnerischer Tätigkeit und seine Gewohnheit, Mißmut und Ärger in dieser Art des Schaffens zu vergessen. Auch auf seinen Reisen blieb Arnim mit dem Onkel stets in Verbindung, und seine Briefe an ihn gehören zu den aufschlußreichsten Quellen über Arnims Erlebnisse aus der Schul- und Reisezeit.

Im großmütterlichen Haus zu Berlin und auf dem Gut Zernikow wuchsen die Brüder Arnim unter der Zucht diverser Hofmeister auf. Diese Vorbildung wurde im November 1793 durch ihren Eintritt in das Joachimsthalsche Gymnasium erweitert, dessen Direktor damals der bekannte Pädagoge Johannes Heinrich Ludwig Meieretto war. Gleichzeitig mit den Brüdern Arnim besuchte der spätere Historiker Friedrich von Raumer das Gymnasium, mit dem Arnim mehrere Jahre sehr freundschaftliche Beziehungen unterhielt, bis sie sich wegen entgegengesetzter politischer Ansichten entfremdeten. Außer Raumer gehörten auch Christian Friedrich Nasse, der spätere Professor der Medizin in Bonn, Carl

16

Friedrich von Raumer. Anonymer Stahlstich

Franz von der Goltz, Johann Heinrich Pistor sowie Meierottos Sohn zu Arnims Mitschülern. Arnims Onkel, der selbst einst das Gymnasium besucht hatte, setzte sich anscheinend entgegen den Wünschen der Großmutter für Arnims Weiterbildung an der bürgerlichen Schule ein. In einem undatierten Brief an den Onkel, der wahrscheinlich aus dem Herbst 1793 stammt, schreibt Arnim, er habe sich *mehrere Bücher gekauft, die mir sehr viel Vergnügen machen. Meine Großmutter hat es zu Michael nach vielen Bitten zugegeben, daß ich die Klassen, in welche ich versetzt bin, besuchen darf (auch deswegen bin ich Ihnen dankbar) und dies macht mir außerordentlich viel Vergnügen; die Geschichte älterer und neuerer Weltreiche ist so interessant, daß jede Stunde mir immer mehr Vergnügen macht und . . . Mathematik, die ich es sei aus Vorurtheil, welches ich wohl nicht glaube, oder wegen ihres wirklichen Vorzuges mehr als jede andere Wissenschaft liebe, daher immer mehr um mich herum erweitere. Ich wünschte wohl, daß, wenn der Unterricht wiederum um 8 anfängt und ich daher mehr Zeit habe, einige Stunden Privat-Unterricht die Woche hindurch zu geniessen . . .*[15]

Das Joachimsthalsche Gymnasium besaß eine Bibliothek von recht unterschiedlicher Qualität. Arnims Interesse an den Mitgliedern des königlichen Hauses, und an Friedrich II. im besonderen, genährt durch die langjährige Bindung seiner Familie an den Hof, wurde erneut durch die im Gymnasium befindlichen Materialien geweckt, die die Dokumente der Familienbibliothek ergänzten. In einem späteren Aufsatz über Prinzessin Amalie schreibt Arnim: *Dem Joachimsthalschen Gymnasio vermachte sie ihre Bibliothek und Musikaliensammlung.*[16] Arnim benutzte später die aus den diversen Dokumenten gesammelte Information über das preußische Königshaus unter anderen im Aufsatz *Sammlungen zur Theatergeschichte*, in dem Schauspiel *Friedrichs Jugend*, in Aufsätzen über Trenk, Prinzessin Amalie und Prinz Heinrich, sowie in seiner Rezension von Friedrich Cramers «Geschichte Friedrich Wilhelms I. und Friedrichs II.».

In Briefen aus der Gymnasialzeit Arnims zeigt sich neben dem wissenschaftlichen Interesse auch ein Erwachen der Anteilnahme am politischen und kulturellen Leben sowie seine Freude am Reisen. Einige kurze Sätze aus Arnims Brief an seinen Vater vom 1. Januar 1794 weisen darauf hin: *Die am Sontage zum ersten Mahle aufgeführt[e] Oper der Triumph der Ariadne soll nach aller Urtheil die schönste seyn die jemahls aufgeführt worden ist. Mann sagt daß einige schlimme Nachrichten von der Armee eingelaufen sind aber viele glauben daß sie von schlechten Leuten ausgesprengt sind.*[17] Schließlich schreibt Arnim in seinem jährlichen Glückwunschbrief zum Jahreswechsel an den Vater von seiner Enttäuschung, ihn auch dieses Jahr nicht gesehen zu haben, und bittet um finanzielle Unterstützung für seine Studien. Der Brief trägt das Datum 31. Dezember 1795 und ist anscheinend das letzte erhaltene Schreiben Arnims an seinen Vater aus der Gymnasialzeit. Joachim Erdmann vergaß anscheinend auch zu Weihnachten, sich seiner Kinder zu erinnern, denn Arnim schlägt vor: *Ich habe eine Bitte, theuerster Vater, die zwar etwas unbescheiden ist, die Sie mir aber doch nicht übel nehmen werden, wie ich hoffe: der Weihnachten hat zwar viele meiner Wünsche befriedigt, indeß hege ich doch noch einige die ich bey einer Bücherauction in kurzer Zeit stillen könte wenn nur das nöthige Geld in meiner Kasse wäre, aber dieses ist nun nicht der Fall! Ich dachte bey mir nach; Wer kann wohl, wer wird wohl, mir etwas in meine Kasse zum Ankauf dieser Bücher legen? Dein gütiger Vater, antwortete eine geheime Stimme.*[18]

Arnim zeichnete sich im Gymnasium durch große intellektuelle Neugierde aus. Der Direktor Meierotto bemerkte, man müsse «sich fast hüten, durch Lob seines Fleißes und Durstes nach Kenntnissen ihm nicht einen neuen Antrieb zu geben, der seiner Gesundheit» schaden könne.[19] Mit Raumer verband Arnim während dieser Zeit neben der Freundschaft auch ein gewisser wissenschaftlicher Wetteifer, der dem Direktor nicht unbekannt blieb. Schließlich verließen Arnim, Raumer, Goltz und andere zu Ostern 1798 das Joachimsthalsche Gymnasium, um sich an der Universität Halle weiterzubilden. Das Abschlußzeugnis, welches Meierotto Arnim ausstellte, vermerkt folgendes: «Der einzige Vorwurf, den Lehrer . . . je ihm machen mußten, war der, er sei zu fleißig, er verbinde zu viel . . . Er nimmt das Zeugniß der Lehrer mit, daß sie nicht oft Schüler sahen, die so sicher als er, gut in jedem Verhältniß seyn wollen.»[20] Retrospektiv läßt sich die scharfsinnige Beurteilung von Meierotto und dessen Kollegen erkennen. Von Arnims Fleiß zeugen seine wissenschaftliche, literarische und briefliche Hinterlassenschaft; der Vorwurf, «er verbinde zu viel», andererseits, kann als Kernpunkt der zeitgenössischen und späteren Kritik am literarischen Schaffen Arnims bezeichnet werden.

Wissenschaftliche Ausbildung und Wendung zur Poesie

Am 10. Mai 1798 wurde Arnim als Student der Rechtswissenschaften an der Universität Halle immatrikuliert. Außer Arnims Bruder setzten auch Goltz und Raumer ihre Weiterbildung in Halle fort. Schon zu Beginn des Studiums lassen sich bei Arnim die Anfänge eines wissenschaftlichen Interesses erkennen. Mit Raumer gründete Arnim zwei Monate nach der Immatrikulation eine Gesellschaft, die sich «Freunde freier Untersuchung» nannte. Die Berliner Schulfreunde und neue Kameraden, darunter Redtel und Wielepp, trafen sich vorerst alle vierzehn Tage und später wöchentlich zur Vorlesung selbstverfaßter Abhandlungen über die verschiedensten wissenschaftlichen Themata. Arnim, der Vorsitz und Protokoll führte, eröffnete die erste Sitzung am 15. Juli 1798 mit dem *Kommentar über Garves Bemerkung im III. Theile der Versuche* [21]. Raumer lieferte seine «Ansicht der Geschichte der Kunst mit Rücksicht auf die jetzigen Zeiten», Nasse sprach «über den Nutzen litterarischer Gesellschaften unter jungen Leuten» und Pistor bot eine Erläuterung Hogarthscher Kupferstiche.

Die Gesellschaft traf sich regelmäßig bis zum 6. März 1799. Arnims Beiträge waren physikalischer Natur. Außer juristischen und philosophischen Vorlesungen hörte Arnim nämlich auch Mathematik bei Gilbert, Chemie und Physik bei Gren und Chemie bei Horkel. Dabei wurde ihm besonders von Gilbert wesentliche Förderung zuteil. Im Jahre 1799 allein erschienen in Gilberts «Annalen der Physik» mehr als ein Dutzend Aufsätze von Arnim, die ihm sofort die Aufmerksamkeit führender Wissenschaftler einbrachten. Im gleichen Jahr erschien auch Arnims Abhandlung *Versuch einer Theorie der elektrischen Erscheinungen* im Druck. Arnims Aufsätze in den «Annalen» von 1799 sind meist Berichte über Beobachtungen und Experimente in- und ausländischer Physiker, kritische Stellungnahme dazu und Vorschläge zur Verbesserung von Meßinstrumenten.

Im gleichen Jahr reiste der bekannte Physiker Johann Wilhelm Ritter nach Halle, um dem Studenten Arnim seine Theorien über die chemische Beschaffenheit des Magneten zu unterbreiten. Die Briefe Ritters an Arnim aus den Jahren 1800 und 1801, in denen er Arnim als «herrlichen Freund» bezeichnet, mit dem ihn die «Wissenschaft . . . immer verbinden» werde [22], bezeugen, daß Ritter Arnims Untersuchungen und deren Resultate durchaus ernst nahm. Schon bald entwickelte sich zwischen den beiden aber eine äußerst bittere Konkurrenz, und es kam zu einer schar-

Halle: die Universität. Stahlstich von J. Umbach

fen wissenschaftlichen Auseinandersetzung, die Ritter im Juli 1801 durch einen öffentlichen Angriff auf Arnims Theorien hervorrief. Auch privat äußerte sich Ritter mehrmals negativ über Arnim, was die eben erst aufkeimende Freundschaft der beiden zerstörte.

Inzwischen war auch für Arnims Freunde das Universitätsstudium mit bitteren Erfahrungen verbunden. Raumer schreibt zum Beispiel über Goltz: «Er war primus omnium auf dem Gymnasium, von allen Lehrern geliebt, gelobt und andern vorgezogen. Daran hatten sich wol Hoffnungen geknüpft, er werde mit gleich vollen Segeln durch das ganze Leben glücklich vorrücken. In Halle aber nahm man, trotz seines Fleißes, von ihm keine besondere Notiz, und manche standen ihm an Kenntnissen, sowie an Talenten voran. Sein Charakter war nicht stark genug, sich gelassen so von der ersten Linie zurückgedrängt und überflügelt zu sehen: ihn ergriff finstere Melancholie.»[23] Die Depression, unter der Goltz litt, führte schließlich zu seinem Selbstmord, der auch auf Arnim einen bleibenden Eindruck machte. Etliche Jahre später, in einem Brief an Bettina Brentano vom 27. August 1806, schildert Arnim den Tod des Freundes: *Auch ich verlor einen Schulfreund und täglichen Bekannten auf gleiche Art vor sieben Jahren in Halle, lief nach ihm über die beschneiten Berge durch die strudelnden, überschwemmten Wege, ein Fremder fand ihn, er hatte sich selbst erschossen, ich fühlte es, wie mir alles unerwartet schrecklich, daß der Zufall des Zusammenlebens, nicht nothwendiges Vertrauen uns verbunden, aber das tröstete mich freilich auch nicht.*[24] Dichterischen

Bergwerk von Freiberg in Sachsen. Lithographie von O. Kunath nach E. Hasse

Niederschlag fand die Goltz-Episode später in Werken wie Arnims Roman *Hollins Liebeleben* und dem *Selbstmord-Fragment*, in welchen die Selbstmordthematik eine besondere Rolle spielt. Im *Selbstmord-Fragment* schreibt Arnim: *Der Selbstmord aus Überdruß an der Eitelkeit der Welt ist unsrer Zeit eigen, wer hat nicht ehrenwerte Lebensgenossen auf diesem Abwege verloren, selbst unter Schulknaben finden sich schon Beispiele dieser Krankheit.*[25]

Auch in anderer Hinsicht ist das Jahr 1799 für Einblicke in Arnims Entwicklung wichtig. Es zeigt sich neben dem wissenschaftlichen Interesse nämlich auch seine rege Anteilnahme an politischen Begebenheiten und vor allem seine Erkenntnis von und Kritik an sozialen Mißständen seiner Zeit. Sein sozialer Gerechtigkeitssinn äußert sich unter anderem in einem Aufsatz über das Freiberger Bergwerk, welches Arnim und Raumer mit einigen anderen Freunden auf einer Fußwanderung zu Pfingsten 1799 besuchten. Der Aufsatz beschäftigt sich hauptsächlich mit Details der dort üblichen Methode der Erzgewinnung sowie Arnims Bemerkungen zu einer möglichen Verbesserung des Prozesses. Einleitend bespricht er aber die Armut der Freiberger Bergleute. Seine Kritik an den Zuständen im Freiberger Kurprinz ist offensichtlich: *Ich habe den Churprinz ungefähr über 500 Ellen tief befahren. Er giebt jezt wenig und hat nur noch wenige Arbeiter, alle Arbeiter werden schlecht bezahlt mit 1 rth 3 gr wöchentlich . . . Naturallieferungen finden nicht statt . . . Die Harzer Bergleute scheinen viel lustiger und munter als die Freyberger, scheinen viel*

Göttingen: die Universitätsbibliothek

mehr auf ihren Stand und ihre Arbeit zu halten, auch mehr Freyheit und mehr Löhnung zu haben.[26] Arnim führt hier den fehlenden Berufsstolz und die Unlust der Freiberger Arbeiter auf die ungünstigen Betriebsverhältnisse und auf die unzulängliche Bezahlung zurück. In der ungehinderten Weiterbildung und Verbreitung solcher Zustände sieht er aber das Grundübel, an dem sein Volk leidet. Für die daraus resultierende physische und geistige Stagnation machte er später den Zusammenbruch Preußens im Kampf gegen die enthusiastischen Franzosen verantwortlich. Die Notwendigkeit, die gesunkenen Kräfte des Volkes zu heben, wurde ihm zu einer Lebensaufgabe. Wie tief verankert die Idee in ihm war, daß das politische Wohl und die Macht des Staates von der individuellen Kraft und dem Wohlwollen des Volkes abhängig sei, zeigen einige kurz vor seinem Tode verfaßte Zeilen aus der Rezension über die «Œuvres historiques» Friedrichs II. Arnim meint dort: *Nicht im Aufstreben aller geistigen Kräfte, nicht im Fortschreiten und Verbreiten aller sittlichen Gesinnungen, aller bürgerlichen Freiheiten stürzte die Bildung der römischen Zeit zusammen, sondern in einem langwährenden Gefühle, in einer wachsenden Ueberzeugung, daß keine Kraft vorhanden die überall gesunkenen geisti-*

gen Anlagen wieder zu heben . . . nachdem träges Hingeben gegen die Tiranneien aller Art zu lange gewährt, das Weltreich erniedrigt hatte.[27]

Im Frühjahr 1800 sollten Arnim und sein Bruder sowie auch Raumer ihre Studien in Göttingen fortsetzen. Da diese Universität aber damals außer Landes lag, war die Genehmigung des Königs erforderlich. Dieser lehnte den Antrag mit der Begründung ab, daß «Supplicanten auf hiesigen Universitäten zulängliche Gelegenheit finden, ihre Kenntnisse zu erweitern»[28]. Arnim verfaßte eine neuerliche Eingabe, mit der sich Frau von Labes nochmals an den König wandte. Diesmal erhielten die Brüder die Genehmigung des Königs, und am 20. Mai 1800 wurde Arnim als Student der Mathematik an der Universität Göttingen immatrikuliert.

Auch Raumer war nach Göttingen übersiedelt. Der Unterschied im geistigen und physischen Milieu der beiden Universitäten wird von ihm deutlich beschrieben: «Wesentlich verschieden von Halle erschien mir in vieler Beziehung die Universität», schreibt er. «Professoren wie Reinhold Forster und Matthias Sprengel waren nicht vorhanden, und wenn Göttingen bedeutende Männer verloren hatte (z. B. Pütter, Lichtenberg, Kästner), fehlte es doch nicht an ausgezeichneten Lehrern, wie Waldeck, Hugo, Beckmann, Heyne, Heeren u. a.»[29] Vor allem aber war in Göttingen das kosmopolitische Element vorherrschender als in Halle: «Die ganze Haltung der Professoren und Studenten war eleganter, vornehmer, aristokratischer wie in Halle . . . In Halle standen die Liederlichen den in höherem Sinne Tüchtigen schroff gegenüber; in Göttingen verschwamm alles mehr zu einem gemessenern Benehmen und einer kühlern Gleichgültigkeit.»[30]

Für Arnim war das Jahr in Göttingen außerordentlich wichtig. Zunächst fällt der ungeheure Fleiß auf, mit dem er seine wissenschaftlichen Interessen verfolgte. Im Jahre 1800 allein finden sich mehrere Dutzend Aufsätze von Arnim in Gilberts «Annalen der Physik» und in Scherers «Allgemeinem Journal der Chemie». Eine der Arbeiten, Arnims *Ideen zu einer Theorie des Magneten*, erschien 1800 in der Rengerschen Buchhandlung in Halle auch als Sonderdruck. Anfang des 19. Jahrhunderts wurde die Forschung, die sich mit diversen elektrischen Erscheinungen befaßte, immer umfangreicher. Arnim zeigt in seinen Aufsätzen eine außerordentlich durchgreifende Kenntnis der einschlägigen Literatur. Er schließt den zweiten Teil seiner *Ideen zu einer Theorie des Magneten* mit der Bemerkung: *Alle Kettenversuche sind jetzt durch den galvanischen Apparat bestätigt worden; warum sollte der magnetische eine Ausnahme machen? warum sollte nicht eben so gut eine solche Voltaische Batterie aus magnetischen Platten zusammengesetzt werden können? Könnte nicht eine solche Kette zwischen Süd- und Nordpol statt finden, diese bezeichnen und nun unsere Magnetnadel afficiren . . .?*[31]

Es wird allgemein angenommen, daß Hans Christian Ørsteds grundlegende Entdeckung des Elektromagnetismus (1820) von anderen Gesichtspunkten ausgeht als von jenen, auf denen Ritter, Schelling und Arnim ihre Versuche aufbauten. Weniger bekannt ist aber, daß Ørsted schon Anfang des 19. Jahrhunderts persönlich mit Ritter in Verbindung getreten war und dessen Versuchen beiwohnte. Schelling, Ritter und Arnim verfolgten aber gerade zu dieser Zeit die gegenseitigen Forschungsresultate aufs Genaueste. Schelling hatte Arnims Ideen über den Magnetismus im ersten Band seiner «Zeitschrift für spekulative Physik» positiv erwähnt. Daß Ritter mit Arnim in Verbindung stand, wurde schon erwähnt. In seinen «Beyträgen zur näheren Kenntnis des Galvanismus» schreibt Ritter aber auch: «Herr D. Oersted aus Kopenhagen, der sich auf seiner gelehrten Reise einige Zeit bey mir aufhielt, hat Verschiedenes davon mit angesehen und freundlich einen Theil der Geduld mit mir getheilt, ohne den es freylich bisweilen nicht abgehen wollte.»[32] Noch in seiner 1812 erschienenen Schrift «Ansicht der chemischen Naturgesetze, durch die neueren Entdeckungen gewonnen» weist Ørsted auf die früheren Erkenntnisse hin, die dem Arnim–Ritter–Schelling-Kreise entstammen. Es ist also durchaus ungerechtfertigt, dem Dänen jede Beeinflussung durch die Arnim–Ritter–Schelling-Gruppe abzusprechen. Während aber Ritter früh starb, Schellings und Arnims Interessen sich änderten, führte Ørsted seine Untersuchungen zum erfolgreichen Ende durch.

Mit dem Abschluß des Göttinger Studiums nahm auch Arnims Interesse an wissenschaftlichen Untersuchungen ab. Anlaß dazu war vor allem die Erkenntnis, daß er auf wissenschaftlichem Gebiet kaum wirklich Hervorragendes würde leisten können. Ein Brief Arnims an Brentano aus dem Jahre 1803 verdeutlicht dies: *Ich konnte fast nichts denken in der Physik*, schreibt Arnim, *was nicht zu gleicher Zeit Ritter, Schelling oder andre bekannt machten; ja viele Arbeiten habe ich zerrissen, weil sie mir zuvorkamen . . . Ich dachte damals, daß mein Wirken für die Physik unnütz wäre, für Büchermotten wollte ich nicht schreiben: mein Sinn wandte sich mit erschlossenem Kelche zum Lichte der Dichtung.*[33]

Entscheidenden Einfluß auf Arnims Gesinnungswandel übte allerdings auch sein Umgang mit Männern aus, deren Interessen vorwiegend literarischer Natur waren. Ludwig Tieck hatte Arnim schon 1799 in Halle im Hause Reichardts kennengelernt. In Göttingen pflegte er freundschaftlichen Umgang mit dem Physiker August Stephan Winkelmann, dem Neffen von Leisewitz, der sowohl mit Ritter wie auch mit Clemens Brentano befreundet war. Durch Winkelmann lernte Arnim Ende Mai 1801 den talentierten, kapriziösen Brentano kennen, mit dem ihn später eine langjährige Freundschaft verband. Auch die erste persönliche Bekanntschaft mit Goethe machte Arnim gegen Ende des Göttinger Studienjahres. Bei Goethes Ankunft am Abend des 6. Juni 1801 hatte Arnim trotz aller Verbote ein dreifaches, öffentliches Lebehoch ausgerufen. Am 8. Juni erfolgte schließlich die persönliche Begegnung. Arnim beschreibt das erste Treffen folgendermaßen: *Deutschlands Meister, der war heut angekommen und schritt mit ernstem Blick den Gang herunter, zu eng erschien der breite Gang, noch einen andern außer ihm zu fassen, fast hätte ich vergessen ihn zu grüßen, obgleich die andern alle als Bekannten ihn bewillkommt; so war ich ganz befangen von dem ernsten Blick, dem festen Gang, dem freundlich schön Vollendeten der Lippen . . .*[34] Der schwärmerische Ton, die künstlich in Jamben gefügte Sprache bezeugen den begeisterten Dilettantismus, der Arnims erste poetische Versuche kennzeichnet. Wenige Jahre später schon erhebt er die Forderung an den Dichter, *unserm Ohr die Jambensucht abzugewöhnen.*[35]

In den Kreis von Dichtern und Buchhändlern geriet Arnim auch durch

Der dänische Naturforscher Hans Christian Ørsted. Gemälde von C. H. Jensen

seinen Umgang mit dem Göttinger Verleger Heinrich Dieterich, mit dessen Frau Jeanette er bald eine enge Freundschaft schloß. Jeanette lebte in unglücklicher Ehe mit ihrem Gatten. Auf den empfindsamen Arnim, dessen Studium und Forschungsarbeit ihm bisher wenig Freizeit gelassen hatte, machte die Frau des Verlegers großen Eindruck. Im Rückblick auf das Göttinger Jahr fällt Raumer später die sarkastische Bemerkung: «Einfluß hatte auf Achim von Arnim seine Zuneigung zur – –. – – Sie fand, daß seine physischen und chemischen Studien einen zu unangenehmen Einfluß auf seine Atmosphäre hatten. Deshalb warf er alle bisherigen Beschäftigungen zur Seite, erneute seine Garderobe, versorgte sich mit wohlriechenden Essenzen und schrieb ‹Holly's Liebeleben›.»[36]

Der von Raumer erwähnte Erstlingsroman Arnims, *Hollins Liebeleben*, entstand bald nach dem Abschluß des Göttinger Studiums im Herbst 1801 auf dem Gut Zernikow. Ende Juli hatte Arnim Göttingen verlassen und war auf kurze Zeit nach Hause zurückgekehrt. Sein wissenschaftliches Studium war abgeschlossen. Die anschließende Bildungsreise, die damals für Söhne aus gutem Haus üblich war, stand bevor, und Arnim hatte sich endgültig entschieden, seine dichterischen Neigungen ernst zu nehmen. Am 24. September 1801 schrieb er an August Winkelmann: *Hättest Du wohl geglaubt, als wir einander Ade sagten oder vielmehr nicht sagten, daß ich in andern Umständen gewesen? . . . Ich hatte wohl tausendmal mit der Poesie Buhlschaft getrieben, aber außer einigen Embryonen, die keinen Bogen füllten, nichts konzipiert . . . Mein poetisches*

25

Gemächte ist ein Roman und zwar mit Tendenz, darum kein Wort davon bis zur Erscheinung.[37]

Hollin hat von kritischer Seite und beim modernen Leser wenig Beachtung gefunden, und doch zeigt Arnims Erstling schon in Thematik und Gestaltung die Richtung, die der Dichter auch im späteren Schaffen beibehielt. Literarische Vorbilder und verhüllte autobiographische Einschübe bilden die Kernpunkte der Thematik und Problematik des Romans. Starken Einfluß auf *Hollin* hatte Goethes «Werther». Wie dieser ist Arnims Werk in Briefform geschrieben und zeigt in der Hauptfigur einen Helden, dessen leidenschaftliche und gegen die bürgerliche Ordnung verstoßende Liebe ihn zum Selbstmord treiben. Arnims Göttinger Verkehr mit dem Mediziner Theodor Friedrich Arnold Kestner aus Braunschweig, dem Sohn von Charlotte Buff, seine schwärmerische Verehrung Goethes sowie die eigene problematische Zuneigung zu Jeanette Dieterich trugen sicherlich viel zur Wahl der Thematik bei. Die vielen autobiographischen Anspielungen konnten den Eingeweihten kaum entgehen. So machte er zum Beispiel die im *Hollin* beschriebene Harz-Reise durch das Bode-Tal zwischen dem 18. April und dem 14. Mai 1801; Odoardos und Hollins Briefe tragen die Ortsbezeichnungen M. und N. In dem kurzen Auszug, den Arnim später in seinen Roman *Gräfin Dolores* aus *Hollin* übernahm, sind statt dessen die Buchstaben H. und G. (Halle und Göttingen) zu finden. Wie «Werther» besitzt auch *Hollin* eine stark tendenziöse Perspektive. Hatte Goethe einer späteren Ausgabe seines «Werthers» das Motto «Sei ein Mann und folge mir nicht nach» vorangestellt, so findet sich das didaktische Element in Arnims Roman in der *Beilage. Erinnerung an Horace Benedikt von Saussure*, die dem Roman angefügt ist. Diese Beilage, oft als willkürliches Anhängsel angesehen und übergangen, bildet den Schlüssel zu der Tendenz, von der Arnim im Brief an Winkelmann spricht. Das Lebensbild Saussures, dessen Fakten Arnim dem Werk Jean Senebiers entnahm, zeigt nämlich auffallende Ähnlichkeiten der persönlichen Anlagen und Lebensbedingungen mit jenen von Hollin. Anders als Hollin ist aber Saussure imstande, durch Geduld und Selbstüberwindung in intensiver Arbeit die nötige Lebenskraft zur Bewältigung der ihn konfrontierenden Hindernisse aufzubringen.

Neben «Werther» mögen auch Jean-Jacques Rousseaus «Nouvelle Héloïse» und Friedrich Schlegels «Lucinde», die wenige Jahre vorher erschienen war, als Vorbilder in Betracht kommen. Die bewußte Anlehnung an Goethes Briefroman geht aber aus einem Brief Arnims an Winkelmann vom 8. November 1802 hervor: *Der verdammte Werther und meine falsche Verehrung der Göthischen Formen hat mich damals verführt, das Beste aus dem Hollin wegzuschneiden*, schreibt Arnim.[38] Allerdings hatte nicht nur der Autor selbst am *Hollin* Kürzungen vorgenommen. Winkelmann, dem Arnim die Überwachung der Herausgabe seines Romans in Dieterichs Verlag anvertraut hatte, nahm eigenmächtig mehrere Streichungen vor, bevor der Roman in Druck ging. Diese ordnete er zum Teil mit dem Einverständnis von Jeanette an. Das Buch bei Dieterich drucken zu lassen war unklug und indiskret. Arnim selbst erkannte dies später, wie aus seinem Brief an Clemens Brentano vom 18. November

Clemens Brentano.
Zeichnung von Wilhelm Hensel, 1819

1802 hervorgeht: *Außerdem glaube ich jetzt, er* [Winkelmann] *hat nicht ganz unrecht, was mir an meinem Roman gefiel, und ich könnte ihn zuweilen abgöttisch verehren, das ist nur für mich darin, es war eine Unvorsichtigkeit, ihn so drucken zu lassen.*[39]

Arnim hatte sich von seinen wissenschaftlichen Arbeiten abgewendet, weil er glaubte, daß seine Forschungstätigkeit für die Allgemeinheit nutzlos sei. Durch die Dichtung meinte er positiv auf seine Mitmenschen einwirken zu können, und das didaktische Element ist in den meisten seiner dichterischen Arbeiten stark vertreten. Im *Hollin* kreist es um die Problematik des außerehelichen Liebesverhältnisses und um die Konsequenz derartiger Verstöße gegen die vorherrschende Gesellschaftsordnung. Arnim griff das Thema später auch in der *Gräfin Dolores* nochmals auf; und wenige Monate vor seiner Verlobung mit Bettina Brentano schreibt er der Freundin: *Da ich nun als einer bürgerlichen Einrichtung große Achtung davor* [der Ehe] *hege, so las ich im Landrechte darüber weiter nach; da fand ich aber nichts als die wunderlichsten Definitionen. Hätte ich das damals gewußt, wer weiß, ob ich meinen Hollin umkommen lassen, weil er gegen die bürgerliche Ordnung gesündigt.*[40] Diese Bemerkung ist aber humoristisch aufzufassen, denn der Dichter war mit seinem Werk ausnehmend zufrieden. *An dem Roman habe ich Talent verwendet wie ein Weber, der künstlich ein changeant Taft aus verschiedenem Aufzuge und Einschlage gemacht, aber es so hinlegt, daß es nur von einer Seite, also nur in einer Farbe gesehen werden kann. Das ist mein Urteil über meinen Roman.*[41]

Auch in formaler Hinsicht läßt sich bereits in diesem Erstlingswerk das für Arnim typische Vorgehen bemerken. Ihm, wie vielen Romantikern, war die Forderung der klassischen Schule nach geschlossener Form kein wichtiges Kriterium für die positive Bewertung des künstlerischen Produkts. Vielmehr ging es den Romantikern um die Originalität des Einfalls und der Ausführung und um die Wirkung des Werkes auf die Sensibilität des Publikums. Formal wandte sich der Romantiker vom Konzept der «edlen Einfalt» und «stillen Größe» ab und versuchte vielmehr, durch Einbezug möglichst vieler Formenelemente und durch Vermischung der Genres ein Gesamtkunstwerk zu bieten. Er sah die Welt in ihrer Vielfalt und wollte sie in dieser Vielfalt wiederspiegeln. Arnims Schaffen ist prototypisch für diese Art der Kunstauffassung und *Hollin* bildet keine Ausnahme. Schon durch die Brieform in lose aneinandergereihte Episoden gegliedert, enthält der Roman noch eine Vorbemerkung des Autors sowie eine Odoardos an den Leser, eine Nachschrift von «Frank an den Herausgeber» und die Beilage über Saussure. Auch im Roman selbst liegt die Betonung auf der Fülle des Dargebotenen und auf dem Anreiz der Phantasie: wie in Goethes «Wilhelm Meister» wird im Roman Theater gespielt, eine Szene aus Schillers «Maria Stuart» wird Realität, eine «Walpurgis-Nacht in der Waldhütte» erinnert an «Faust» und das Zitat *Alles in Eins und Eins in Allem*[42] scheint wie ein Leitmotiv dem Roman eingegliedert. Daß diese Art des Schreibens vielen mißfallen würde, war Arnim klar. Bis zu einem gewissen Grad schränkte er auch seinen Wunsch nach Vielfalt der Form ein. Dennoch war ihm gerade das Kapriziöse an dem Werk lieb, und das Einfallsreiche und Phantasievolle wurde zum Kennzeichen seines Schaffens. *Ich las meinen Roman einigen gutmütigen Landfräuleins vor*, schreibt er an Brentano über *Hollin, die weinten dabei, und ich glaubte, es sei mir alles gelungen. Dazu kam noch, daß mich der Werther verführte, die erzählende Form gegen eine ganz briefliche zu vertauschen, nach meiner ersten Meinung sollte es eine Art von Trauerspiel werden, mit Erzählung und Briefen durchschnitten. Für mich werde ich nie etwas Besseres schreiben, für andere nie etwas Schlechteres.*[43]

Der Roman erschien 1802 im Druck, als sich Arnim und sein Bruder schon längere Zeit auf ihrer Bildungsreise befanden. Sowohl Winkelmann wie Heinrich Dieterich korrespondierten mit Arnim während der

Drucklegung nur sehr spärlich. An Brentano schrieb Arnim am 17. April 1802: *Ich schämte mich vor Dir, weil Du ein strenger Richter bist; ich habe es Dir daher noch nicht geschrieben, daß ich schon im vorigen Sommer gleich nach meiner Abreise von Göttingen in der Landeinsamkeit und im Trennungsschmerz einen Roman geschrieben habe. Er kommt bei Diete-rich heraus, der Druck hat sich, ich weiß nicht warum, verzögert.*[44] Von Brentano erhielt Arnim am 3. August 1803 folgende Nachricht: «Von Winkelmann habe ich in Zeit von vielen Monaten nichts gehört; in Göttingen hat seine Docenten-Carriere ein sehr schlechtes Ende genom-men, er prakticirt in Braunschweig und ist dort Professor.» Über die Dieterichs fügt Clemens hinzu: «. . . so viel ich gehört habe, ist die Frau mit den Kindern in Gotha, wie man sagt, sind sie geschieden.»[45]

Zu diesem Zeitpunkt befand sich Arnim bereits in London. In den ersten Monaten des Jahres 1802 begann er die Arbeit an *Ariels Offenba-rungen*, im selben Jahr entstand *Aloys und Rose* und 1803 erschienen seine *Erzählungen von Schauspielen* in Friedrich Schlegels «Europa». Die Wendung zur dichterischen Laufbahn war vollzogen. In seinem Aufsatz *Die große Arbeit, eine Lebensaussicht* erklärt Arnim: *Alles geschieht in der Welt der Poesie wegen, das Leben mit einem erhöhten Sinne und in einem erfüllten Sinne zu leben, die Geschichte ist der Ausdruck dieser allgemeinen Poesie des Menschengeschlechts, das Schicksal führt dieses große Schauspiel auf . . . Wer sich Poet nennt . . . der ist nicht stolz . . . er beschränkt das Spiel seines Lebens indem er es einem Zwecke unterordnet, er ist ein echter Märtirer und Einsiedler, er betet und kasteit sich für andre, er stirbt damit sie das L e b e n haben, er ist der demüthige Petrus, der die Himmelsschlüßel hat aber nicht eingeht, sondern an der Thür harret der Kommenden und ihnen den Weg zu weisen und die Thür zu öffnen.*[46] Dem Vorsatz, auf seine Mitmenschen durch die Dichtung wegweisend einzu-wirken, blieb Arnim stets treu. Nicht selten hatte er wegen seiner ideali-stischen Gesinnung durch seine Zeitgenossen zu leiden.

Die Reisejahre

Nach Abschluß des Göttinger Studiums verbrachten Arnim und sein Bruder Karl Otto einige Wochen auf Zernikow, dem Gut der Frau von Labes. Temperament und Interessen der beiden Brüder waren durchaus verschieden. Obwohl die beiden Kindheit, Schul- und Universitätsjahre miteinander verbrachten, erwähnt Arnim kaum je seinen Bruder in Briefen oder Schriften. Während Achim sein Studium ernsthaft betrieb, wußte Karl mehr die Annehmlichkeiten des Studentenlebens zu schätzen. In ihren Briefen an die Enkel tadelt Frau von Labes wohl manchmal Achims Schreibfaulheit, nie aber seinen Fleiß oder Ehrgeiz. Bei Karl Otto allerdings fand sie Grund zu Ermahnungen.

Während Achim und Karl im Herbst 1801 auf Zernikow wohnten, gab es zwischen den beiden eine außerordentlich heftige Auseinandersetzung, von der die Großmutter noch am 5. Februar 1802 als «des fameusen Streites zu Zernickow mit deinen Bruder, deßen Andenken mir noch schreckbar für Augen schwebet» spricht.[47] Arnim schrieb damals den *Hollin*, während die Reisevorbereitungen für die Brüder getroffen wurden. Frau von Labes ließ sich für die vorgestreckten 4000 Taler eine Quittung sowie das Versprechen geben, daß die beiden sich «jedes Geldspieles und jedes Wettens» enthalten würden.[48] Karl hatte als der Ältere die Verwaltung der Reisegelder übernommen, und im eigenen Wagen und in Begleitung eines Dieners fuhren die Brüder Anfang November über Wiepersdorf nach Dresden, wo sie ungefähr drei Wochen blieben. Für Arnim bedeutete die Reise nicht nur den Abschluß seiner formalen Bildung, sondern einen radikalen beruflichen Umschwung und eine neue Lebenssicht. In einem autobiographischen Einschub aus einer später entstandenen Erzählung schreibt Arnim über diese Epoche seines Lebens: *Ich stamme aus rühmlichem und reichen Geschlechte; meine erste Neigung würde mich zum Soldaten gemacht haben, doch das läppische Wesen, das durch lange Friedenszeit in diesen Stand gekommen, machte ihn mir verächtlich; ich wählte das Buch statt des Schwertes . . . Bald genügte es mir nicht, dies allein in mir zu treiben, ich fühlte einen Drang andre damit zu ergreifen und zu durchdringen, ich knüpfte reisend mit Unzähligen an, wir hofften auf eine schöne Zeit für Deutschland, und arbeiteten fleißig, es sollte wie ein wunderbarer allseitiger Spiegel die Welt vereinigen.*[49]

In Dresden besuchte er Kunstsammlungen und Museen, sprach bei Hof vor und erneuerte vor allem seine Bekanntschaft mit Tieck. An seine Tante Schlitz in Regensburg, dem nächsten größeren Ziel seiner Reise,

Karl Otto von Arnim, der Bruder. Lithographie von F. Jentzen

schrieb Arnim folgendes: *Ich habe meine Flügel auf kurze Tage in der Dresdner Hofsonne geschwungen und bemerkte, daß sie nicht warm und nicht kalt und fast so langweilig wie das Mondlicht ist. Aber um eine Freude werden Sie mich sicher beneiden. Ich bin täglich mit Tieck zusammen, und bei ihm ist es ganz eigentlich, wo ich den Staub von meinen Flügeln abschüttle und frei und fröhlich und beherzt mein Innres sammle.*[50] Die Tante, Tochter des Grafen Görtz, besuchte zu jener Zeit ihren Vater in Regensburg. Graf Görtz war preußischer Gesandter beim deutschen Reichstag. Als die Brüder Arnim nach ihrer Weiterreise über Freiberg und Prag in Regensburg eintrafen, war er geschäftlich verreist. Allerdings wurden täglich Empfänge im Hause Görtz gehalten, und die beiden Arnims wurden schnell mit den führenden Regensburger Kreisen bekannt gemacht. Wie das gesellschaftliche Treiben am Dresdner Hof schien Arnim aber auch der Aufenthalt in Regensburg langweilig. Noch zog ihn die Erinnerung an persönliche Erlebnisse dieses Jahres nach

31

Göttingen. Am 8. Dezember 1801 schrieb Arnim an Brentano, der ihm den zweiten Teil seines «Godwi» gesandt hatte: *Alle frohe Erinnerungen aus dem Buche haben mich heute traurig gemacht . . .jetzt hat sich der Regen in Schnee umgewandelt, die grünen Kirschbäume in Besenreis, die Winde haben uns nach allen Weltgegenden aus einander geblasen, und doch wünschte ich noch bei Dir und in Göttingen zu sein. Mir war dort alles in der Beschränktheit weit und geräumig; jetzt bin ich beengt in der Weite . . .*[51]

Weihnachten und Neujahr sowie den größten Teil des Januars verbrachte Arnim noch in Regensburg. Mit dem Bruder gab es neuerlich einen Streit, diesmal durch eine Bemerkung in Frau von Labes' Brief an ihre Enkel ausgelöst. Auch hatte sich Arnim, der im Familienkreise bisher Louis genannt worden war, inzwischen den Dichternamen Achim zum äußeren Zeichen seines Berufswechsels zugelegt. Ende Januar 1802 schrieb er der Großmutter einen hitzigen Brief, den diese am 5. Februar beantwortete. Sie fände in Arnims Schreiben, meint sie, «mehr Uhrsache zur Beleidigung, als du in den Meinigen finden kontest; der Herr Achim von Arnim geben sich darin zu erkennen». Frau von Labes hatte den Fehler gemacht, den «fameusen Streit» der Brüder zu Zernikow nochmals zu erwähnen. Sie schließt mit den Worten: «. . . dieses also ist mein gantzes Verbrechen gegen den H. Achim von Arnim, worin ich keines Weges seine Ehre glaube angetastet zu haben; ich darf also nicht deshalb um Verzeihung bitten und werde es auch nicht thun, und mich hierin bloß meinen Schicksaale überlaßen, in der Folge aber mir dergl. Inhalt des Briefes verbitten.»[52] Arnim unterließ es künftig, seiner Großmutter in aufgebrachtem Zustand zu schreiben.

Von Regensburg reisten die Brüder über München nach Wien. Diesem Zentrum der galanten Welt stand Arnim mit gemischten Gefühlen gegenüber. Hier traf er alte Bekannte und erwarb sich neue. Hier bewunderte er die Schätze der Kunstsammlungen und freute sich an der Lebenslust der Wiener. Gleichzeitig mißfiel ihm aber auch die moralische Dekadenz, die er in der Großstadt zu beobachten glaubte, sowie der Bürokratismus und die Unwissenheit der Einwohner, die ihm überall begegneten. An Brentano schrieb er am 6. März 1802: *Ich habe in einem Rausch abwechselnder Freuden gelebt. Wien hat viel Schönes und viele Freude, ich habe es in allen Ständen kennen gelernt.*[53] Mit Johannes Müller besuchte er die Bibliothek und nahm Einsicht in Manuskripte des Giordano Bruno. Auch hatte er inzwischen die Arbeit an *Ariels Offenbarungen* aufgenommen, die ganz ein Produkt des Gefühlsüberschwangs sind, der Arnim nun beherrschte. *Ich habe es hier ganz gefühlt*, schreibt er am 17. April an Brentano, *welch ein freundschaftliches Silbenmaß in aller Natur ist, mit mannigfaltigen Reimen durchflochten. Die nothwendigen Pole aller Sprachen erkannte ich, ohne die sie eben so nothwendig sich in das unendlich Unbestimmte verlaufen muß. Ich habe hier viel gedichtet, und ein Trauerspiel schreckt mich oft mit seinem Lebenswahnsinn auf aus dem Schlafe, wenn nur nicht alle Gedanken in der Sprache untergingen! Es ist mir jetzt ernster geworden mit der Poesie, ich habe ihren Zauberklang gehört, aus ihrem Becher getrunken, und ich tanze nun wie es das unendliche Schicksal will, gut oder schlecht, meinen Reihen herunter.*[54]

Wien: der «Graben». Aquatintaradierung von C. Schuetz, um 1800

Das Trauerspiel, von dem Arnim spricht, ist das im *Ariel* enthaltene *Heldenlied von Herrmann und seinen Kindern*. Das Buch ist in zwei Hauptteile gegliedert, wovon das Heldenlied den ersten Teil und *Heymars Dichterschule* den zweiten Teil bildet. Den Schluß bildet das *Sängerfest auf Wartburg*. Neben dieser Dichtung mit stark ossianischen Zügen enthält *Ariel* auch viele Gedichte, die sich direkt auf Kunstgegenstände beziehen, die Arnim in Wiener Museen besichtigte. August Winkelmann, dem Arnim das Manuskript im November 1802 zur Druckvorbereitung bei Dieterich übersandte, gefiel die Dichtung nicht besonders. Er ließ beim Druck die Vorrede des Herausgebers weg. Vermutlich war es auch er, der das Buch mit dem Zusatz «Roman» versah, der äußerst irreführend ist. Auch der zeitgenössischen Kritik mißfiel *Ariel*. Im «Freimütigen», der von Kotzebue herausgegeben wurde, erschien am 17. August 1804 eine beißend ironische Rezension, die von dem Verfasser des «Machwerks» als einem «von den unzähligen Summkäfern» spricht, welche «die kühle Glut der poetischen Poesie aus dem Erdreich des Obskurantismus hervor ans Licht rief; denn man braucht in diesen Offenbarungen nur eine Seite gelesen zu haben, um zu erkennen, daß sie zu dem Geleier gehören, das uns vor ein Paar Jahren für Poesie verkauft ward. Daß er also auch ein arger Mystiker ist, brauche ich nach dieser Erklärung nicht hinzuzusetzen, wohl aber, daß er seine Vorbilder Schlegel, Novalis, Jacob Böhme, und wie die großen Leute sämmtlich heißen mögen, vollkommen erreicht hat.»[55] Heute allerdings verfehlt diese Kritik ihre negative Intention vollkommen. Diesem ersten Band des *Ariel*, der im Mai 1804 erschien, folgte kein zweiter. Am 9. Juli 1802 erwähnt Arnim in einem Brief an Brentano die Novelle vom Ritter St. Georg mit

Bettina von Arnim. Aquarell

der Schelle: *Ich denke, es soll Dir und meinem Ariel Spaß machen, die Novelle vom Ritter St. Georg mit der Schelle zu lesen, wie er mit seinem Knappen, der nachher zum Ritter geschlagen wird, auszieht das ungeheure Alltier, den Lindwurm zu erstechen, in dem sie nach ihrer Meinung selbst wohnen und worin die Welten nur Blutkugeln sind. Sie streiten also gegen ihr eigenes Fleisch.* Gleichzeitig bittet er Brentano um sein Urteil: *Schreib mir doch, was Deine Objektivität, der Unhold, von der Novelle hält.*[56] Clemens bezieht sich in seiner Antwort vom 8. September auf Arnims Bitte: «Was Du über die Objektivität sagst, ist recht feurig und jugendlich gesprochen, und darum wahr und objektiv; ich wünsche auch alle Objektivität zum Teufel, was solle man sich schinden und quälen, und zuviel Subjektivität ist immer mehr als zu wenig Objektivität . . . Es rührt mich in Deinen Gedichten besonders die reizende Ungeschlachtheit, aus der eine kräftige Zukunft hervorblickt, lieber Arnim, bleibe mein Freund!»[57] Trotz Brentanos Ermutigung blieb die Novelle vom Ritter St. Georg fragmentarisch und erschien nicht im Druck.

Neben dem kulturellen Leben, das Arnims poetische Produktion förderte, fand er in Wien aber auch eine Vielfalt des gesellschaftlichen und intellektuellen Treibens sowie einen ausgeprägten Bürokratismus. In einem Brief an seinen Verleger Dieterich vom 6. März 1802 schreibt er: *Mit denen beyden Knigges bin ich täglich zusammen, wir reisen wahrscheinlich mit einander nach Venedig, sie gehen weiter nach Griechenland und Aegypten . . . Noch zwey alte Bekannte hätte ich fast vergessen, den jungen Richter, der mir versichert hat, ein Monat in Berlin wäre ihm lieber als sechse in Wien; ferner der Graf Colloredo, sonst studiosus utriusque juris in Göttingen, jetzt Böhmischer Gesandte und Excellenz in Regensburg außerdem auch verheiratet.* Für den Verleger glaubt Arnim folgende Beobachtung von Interesse: *Jedes aus dem Auslande kommende Buch wird bey der Hauptmauthe durchgesehen, oft zerrissen, oft als unerlaubt zurückgeschickt, gewisse Bücher wiederum sind nicht allgemein verboten, dürfen aber nur nach einem vom Empfänger ausgestellten Schein verkauft werden . . . Ich bin gewiß, wenn das in Göttingen eingeführt würde, Du schlössest die beyden grossen Thüren gleich zu.*[58]

Im April verließ Arnim Österreich und benachrichtigte Brentano aus München, daß er am 1. Juni in Frankfurt eintreffen werde. Clemens schrieb ihm: «Ich habe Dich schon herzlich in Göttingen geliebt, Arnim, wahrhaftig ich habe nie Freundschaft von Dir begehrt . . . da brichst Du aus dem Felsen zu mir her, Du Freudenstrahl, Du klingend Wasser, und erlabst mich, von selbst bist Du mir gut. Ich kann Dich nicht verlieren, so lange ich lebe!»[59] Arnim traf in Frankfurt ein und blieb acht Tage. Hier lernte er auch Brentanos Schwester Bettina zum erstenmal persönlich kennen. Nach einer gemeinsamen Rheinfahrt, deren Eindrücke Clemens und Bettina in ihrem «Frühlingskranz» schildern, verließ Arnim den Freund in Koblenz und ging nach Düsseldorf weiter. Nach einem nochmaligen Zusammentreffen mit Clemens in Koblenz setzte Arnim die Reise über Stuttgart und Schaffhausen nach Zürich fort. Von dort schrieb er am 28. Juli 1802 seiner Tante einen Brief nach Regensburg, in dem er die Rheinfahrt ausführlich schilderte. *Ich fühle jetzt recht*, schreibt er, *wo ich in meinen Gedanken in dem Eichenwalde des Osteins stehe, nachdem es lange ahndend durch die Blätter geblickt hat, und ich endlich in den schönen, einfachen, freien griechischen Tempel trete, daß eine gewaltige Dichtung durch die ganze Natur weht, bald als Geschichte, bald als Naturereigniß hervortritt, die der Dichter nur in einzelnen schwachen Wiederklängen aufzufassen braucht, um ins tiefste Gemüth mit unendlicher Klarheit zu dringen.*[60]

Dichtung als Geschichte: Dies ist nebst der Didaktik das zweite Grundelement der Arnimschen Poesie. Es zeigt sich als Kernpunkt in den meisten seiner Werke und kulminiert in seinem großen Roman *Die Kronenwächter.* Die Intention ist es wieder, durch Verdeutlichung von den Auswirkungen des Vergangenen auf Gegenwart und Zukunft helfend, ermutigend und belehrend auf den Leser zu wirken. *Was da lebt und wird*, schreibt Arnim, *und worin das Leben haftet, das ist doch weder von heute noch von gestern; es war und wird und wird sein; verlieren kann es sich nie, denn es ist; aber entfallen kann es für lange Zeit, oft wenn wir es brauchen, recht eifrig ihm nachsinnen und denken. Es gibt eine Zukunft und eine Vergangenheit des Geistes, wie es eine Gegenwart des Geistes gibt, und ohne jene, wer hat diese?*[61]

Das erste Werk Arnims, welches die Idee seines Geschichtsbegriffs deutlich einbezieht, ist die in der Schweiz entstandene elegische Liebesgeschichte *Aloys und Rose*. Aus Zürich hatte Arnim am 9. Juli 1802 geschrieben: *Die Erinnerung an unsre Rheinreise ist mir eine kräftige Riechbüchse, wenn es in der Gegenwart stinkt*[62]; bald aber stürzte er sich in erneute Tätigkeit. In Begleitung des Freiherrn von dem Busche Münch verließen Arnim und sein Bruder Zürich und reisten zum Vierwaldstädtersee, nach Ragaz und nach Chur. Hier entschlossen sie sich plötzlich, die Alpen zu überschreiten, gingen nach Chiavenna zum Como und feierten Karls 23. Geburtstag am 1. August in Mailand. Die Weiterreise erfolgte über den Lago Maggiore und den St. Gotthard nach Bern, worauf die Brüder schließlich nach Genf weiterfuhren. Hier machte Arnim die Bekanntschaft von Barbara Juliane von Krüdener, die gerade an ihrem Roman «Valérie ou Lettres de Gustave de Linar à Erneste de G.» arbeitete. Sie war es auch, die Arnim mit Mme. de Staël bekanntmachte, die damals in Coppet bei ihrem Vater wohnte und bei der sich die gesellschaftliche Elite traf. Sowohl mit Frau von Krüdener, die in der Schweizer Erweckungsbewegung wie später in Deutschland eine führende Rolle spielte, sowie mit Mme. de Staël blieb Arnim bis in spätere Jahre in Verbindung. Ihn selbst aber beschäftigten die politischen Angelegenheiten des Landes. Am 18. November 1802 schreibt er an Brentano: *Ich dachte an die Schweizerangelegenheiten, die jetzt mein ganzes Innere beschäftigen . . . Da fühle ich, daß, wenn ich erst die Mutterlauge von mir gegossen, daß auch ein Kristall wird bleiben, fest und dauernd. – Was der ist, beurteile nicht aus meinem Roman, auch nicht aus meinem Trauerspiele, sondern aus meinem Heldengedicht über die Schweiz, die mir in dieser Zeit Tränen, Gebete und schlaflose Nächte gekostet hat.*[63]

Arnims Selbstkritik ist durchaus objektiv. *Aloys und Rose* ist nicht wie *Hollin* diversen fremden Vorbildern verpflichtet, sondern ist Arnimsches Eigengut; die Liebesgeschichte trägt auch nicht die Merkmale sturm- und drängerischer Dichterentwicklung, wie dies im *Ariel* der Fall war. Arnim bezieht den zeitgeschichtlichen Hintergrund der Schweizer politischen Situation um die Jahrhundertwende mit ein und entwickelt aus der Krisenzeit und ihrer Wirkung auf die Hauptcharaktere das didaktische Element: Mit der Besetzung der Schweiz durch französische Truppen und den Bemühungen der Franzosen, aus der Schweiz einen von Frankreich beherrschten Einheitsstaat zu machen, gingen Einführungen von Prinzipien, die aus der Französischen Revolution erwachsen waren, wie zum Beispiel die Sanktionierung von allgemeiner politischer Gleichheit, die Aufhebung der Feudallasten für Bauern, und die Enteignung von Begüterten, Hand in Hand. Die Reaktion auf die neuen Maßnahmen kam sowohl von den Gutsbesitzern wie auch von den Bauern, die am alten System festhielten oder gegen die hohen Ablösesummen eiferten, die mit der Aufhebung des Feudalsystems verbunden waren. Während des fünfjährigen Bestandes der Helvetischen Republik bis zur Mediationsakte 1803 erlebte das Land sechs Verfassungsänderungen und fünf versuchte Staatsstreiche. Napoleons Strategie bestand darin, im Juli 1802 die französischen Besatzungstruppen abzuziehen, worauf sich verschiedene Kantone von der Zentralregierung unabhängig machten. Wegen seiner militärstrategischen Lage war der Kanton Wallis für Napoleon besonders wichtig. Nachdem der helvetische Senat das Einverständnis zur Losreißung von Wallis gegeben hatte, wurde der Kanton formal zur Selbständigkeit erhoben und faktisch von Frankreich beherrscht. Die Unruhen im Schweizer Gebiet wurden dann Vorwand zur Reokkupation durch die Franzosen Ende Oktober 1802. Die divergierenden politischen Ansichten der Schweizer Patrioten nimmt Arnim in das Gerüst der Erzählung auf, der er den Untertitel *Französische Miscellen aus Wallis* gab: *Aloys Vater hing treu und vielleicht zu strenge der alten Verfassung an*, Roses Vater dagegen *ward einer der frühesten Anhänger der Schweizerrevolution*.[64] Die politische Feindschaft der Väter vereitelt die Liebesverbindung von Aloys und Rose. Wenn Arnim aber das starre Festhalten am Hergebrachten ebenso wie die willige Aufgabe der Freiheit im Verhalten der beiden Alten anprangert, so läßt er auch die junge Generation dem Irrtum verfallen. Aloys, der als Romanfigur in Einzelheiten mit historisch-faktischen Charakteristika des Unabhängigkeitskämpfers Aloys Reding ausgestattet ist, gibt sich zunächst den falschen Vorstellungen eines unmöglichen Lebensidylls hin: Er fordert auf zur Reise nach einer Insel, *wo kein Eigentum uns enteignet, wo kein Stand langweilig beständig, wo jeder nimmt, um wieder beraubt zu werden, wo alles reizt und nichts fesselt, wo Mann und Weib gleiche wandernde Lebensbürger sind.*[65] Schließlich wendet sich Aloys aber unter vollkommenem Mißverständnis von den Gesetzen historischer Entwicklung und unter Berufung auf Wilhelm Tell der unvermittelten Restauration der Vergangenheit zu. Auch dies ist nach Arnim nicht die Lösung für die problematische Gegenwart. Über Rose schreibt der Erzähler: *. . . ich möchte dem armen Mädchen helfen, das Liebe, Stand, Gesellschaft alles ohne Schuld verlor, aber das Schicksal hat sie in einen Knoten geschlagen, den kein Sterblicher auflöst, und da scheint auf dem Hause zu lasten ein schwerer Fluch.*[66] In der Bloßstellung des Mißverständnisses der historischen Gegebenheiten durch die Hauptcharaktere und den daraus entstehenden Folgen für Individuum und Volk besteht das didaktische Element der Erzählung.

Aloys und Rose erschien 1803 in den «Französischen Miscellen» der Helmina von Hastfer (später Frau von Chézy). In Genf las Arnim auch Frau von Krüdeners Roman «Valérie», soweit er fertig war, und meinte, daß er *gut wird. Sie* [Frau von Krüdener] *ist sehr heilig, hält viel auf äußere Religion, ist sehr romantisch durch den größten Teil von Europa gereist.* Gleichzeitig erwähnt er Mme. de Staël und deren Vater: *Man stößt mit seinen Urteilen über Kunst jeden Augenblick bei den Franzosen an, aber sie sind gutmütig und nehmen es nicht übel.*[67]

Arnim hatte bald Gelegenheit, sich weitläufiger über französisches künstlerisches Schaffen zu informieren. Am 18. November 1802 schrieb er an Brentano, daß er eine Exkursion von Genf über Lyon, Marseille, Nizza und Genua und zurück nach Genf beabsichtige. Aus Lyon schreibt er auch noch am 12. Januar 1803 an Brentano, aber schon am 26. Januar war er in Paris. Der ursprüngliche Reiseplan der Brüder sah nach dem Pariser Aufenthalt eine Rückkehr nach Berlin vor. Sowohl der Onkel wie auch die Großmutter hatten versucht, Arnim zu einer Karriere im Staatsdienst zu bewegen. Diese Möglichkeit gab er nun vollkommen auf. *Ich lebe die eilenden Augenblicke*, schreibt er an Brentano, *und kehre ich*

Paris: die Tuilerien. Kupferstich des 18. Jahrhunderts

*zurück von meiner Reise, so weiß ich keinen Stein, wo ich mein Haupt lege,
ich fühle mich fremd in meiner Heimat, ich werde vielleicht zu diesem oder
jenem Geschäfte beredet werden, aber ich bin zu starr um mich zu fügen, zu
biegsam um jemand zu verletzen, ich weiß, ich kenne mein Land, daß mir
in allem dem, wo ich wirken könnte, die Flügel gelähmt sind.*[68] Die Ereignisse der nächsten Jahre gaben ihm recht.

Inzwischen waren die Brüder in Paris im Hôtel du Grand Vauban in der
späteren Rue Richelieu abgestiegen. Der preußische Gesandte, Marquis
Lucchesini, führte sie in die Pariser Gesellschaft ein. Auch Napoleon
Bonaparte wurden sie vorgestellt. Über Napoleon äußert sich Arnim
öfters in seinen Schriften und achtet die Überlegenheit seines Geistes,
während er die menschlichen Schwächen an ihm tadelt. In dem berühm-
ten Korsen sieht er ähnlich wie in Friedrich dem Großen eine Verkörpe-
rung des höheren Willens, der den einzelnen beruft, Übermenschliches
zu leisten. Für die Geißel Europas läßt sich kein Mörder finden, weil ihm
keiner überlegen ist: *Nur einer ist dem großen Manne gefährlich: der
Größere!*[69] Der größere Geist unterscheidet sich von den übrigen Sterblichen dadurch, daß er *da hundert Wege* [sieht], *wo uns nur zweie scheinen*;
und er sieht Napoleons *göttliche Uebermacht* nicht in seinem fremden
Wesen oder seiner Unbegreiflichkeit, sondern Napoleon personifiziert
den Geist der Zeit: . . . *in ihm ist der gelungenste Ausdruck der Zeit, die
ihn geboren.* Deshalb glaubt Arnim auch nicht, daß Napoleon ein einma-
liges Ereignis in der Geschichte darstellt. Die meisten meinen, *daß mit
dem Tode Napoleons eben deswegen das gesammte Volk in einen Zustand*

38

des eigenen gesellschaftlichen ungehinderten Daseyns kommen würde, um alle Nationen in ihrer ruhigen Trägheit weiter nicht zu stören; ich glaube das Gegentheil, Napoleon wird ein neuer Napoleon folgen.[70]

In Paris nahm Arnim auch am kulturellen Geschehen teil. Mit Friedrich Schlegel, der dort gerade Vorlesungen hielt, wurde er persönlich bekannt. Clemens Brentano, der mit Schlegel und dessen Freundin Dorothea Veit kleinliche Gehässigkeiten ausgetauscht hatte, wußte seinen Freund gegen den Verfasser der «Lucinde» voreinzunehmen. Als Arnim aber Schlegel dann traf, änderte er seine Meinung. *Denke Dir*, schreibt er am 17. Februar 1803 an Brentano, *über Friedrich Schlegel bin ich der festen Meinung, daß er eine grundgute Seele wäre, wenn er nicht in seinem Beutel den Grund sehen könnte . . .*[71] Aus dieser Bekanntschaft erwuchs die Publikation von Arnims *Erzählungen von Schauspielen* im ersten Heft des zweiten Bandes von Schlegels «Europa».

Dieser Aufsatz wird allgemein als erste kritische Auseinandersetzung Arnims mit dem zeitgenössischen Theater gesehen. Zwar hatte Arnim in Briefen an Brentano bereits früher sein Interesse an der Errichtung von Sänger- und Schauspielschulen sowie seine Anwesenheit bei Aufführun-

Napoleon I.
Gemälde von Legros
(Ausschnitt), 1805

gen an Liebhaberbühnen erwähnt, aber *Erzählungen von Schauspielen* ist die erste umfangreiche theaterkritische Schrift. Formal ist sie in die damals beliebte Gesprächsform gekleidet. Arnim kritisiert vor allem die Neigung der Pariser, die dargebotene Dichtung zugunsten der schauspielerischen Leistung abwertend zu beurteilen. Der Erzähler meint, *daß sich dies Volk mehr zum Darstellen als zum Erfinden hinneigt, also offenbar die Schauspielkunst höher gehalten wird, als die ·Dichtkunst. So ist diese eigentlich bloße Nebensache geworden, und war es vielleicht nie mehr als in der besseren Zeit französischer Poesie.*[72] Ganz dieselbe Beobachtung macht übrigens Richard Wagner in bezug auf das Pariser Opernpublikum noch 35 Jahre später in seinen Pariser Aufsätzen, wenn er hervorhebt, daß der Komponist gezwungen sei, für einzelne Virtuosen zu schreiben. Arnim meint, der Dichter sei gezwungen, *alle große Handlungen von der Scene zu vertreiben, damit die Schauspieler unbedeutende Worte und schwächere Empfindung schreckhaft überausdrücken und überschreien können, statt aller höheren Regeln der Dichterkomposition drei Einheitsregeln zu beobachten, die bloß dem Schauspieler und der Darstellung günstig*[73]. Ähnlich wie später Wagner führt auch Arnim dieses Phänomen auf die finanzielle Abhängigkeit des Künstlers vom Publikum zurück.

Die negative Kritik, die Arnim mit diesem Aufsatz bis zur Gegenwart auf sich zog, beruht größtenteils auf der unrichtigen Annahme, daß es sich hier um eine Rezension der Pariser Bühnendarbietungen handelt. Dies ist aber nicht der Fall. Die *Erzählungen von Schauspielen* waren füı den zweiten Teil von *Ariels Offenbarungen* vorgesehen, wie er am 5. Mai 1803 an Brentano schreibt: *Du mußt Dich nicht wundern über die Titel meiner Werke: das Trauerspiel, das Lustspiel und das Lehrgedicht stehen sämmtlich im ersten Theile des Ariel. In Schlegels Europa wirst Du im dritten Stücke einen langen Dialog aus dem zweiten Theile finden.*[74] Der zweite Teil kam allerdings nie in Druck. Das Befremden des Lesers über die poetische Einkleidung und die nicht genügend objektivierte und zielstrebige Diskussion des Pariser Bühnenwesens ist auf das Mißverständnis der dichterischen Absicht zurückzuführen.

Im übrigen fühlte sich Arnim in Paris nicht sehr wohl. Obgleich er dort alte Bekannte wie seinen Schulkollegen Meierotto (der noch im April in Paris starb), Alberthal und Reichardt wiedersah, berichtet er in einem Brief an Mme. de Staël, Paris sei eine *Einöde*, aus der er sich *in's Museum und zu einigen Freunden geflüchtet* habe. *In der Literatur*, schreibt er, *gibt es seit der Delphine gar nichts; Segur's Werk über die Weiber läßt in Zweifel, ob es Männer gibt, – ich lese nur Bücher aus der goldenen Zeit, wo in Frankreich eine freie Poesie erlaubt war, wie den roman de la rose, Lanzelot, Jean de Paris, wovon noch ein schwacher Nachhall in Corneille wiedertönt.*[75] Von den zeitgenössischen Malern berichtet er ebenfalls. Gérard zieht er Pierre Narcisse Guérin und Jacques Louis David vor. Lobend erwähnt er auch den Bildhauer Étienne Maurice Falconet.

Im Juni 1803 verließen die Brüder Paris und reisten entgegen den ursprünglichen Plänen über Boulogne nach London. *In England*, schreibt Arnim Anfang Juli an Brentano, *ist eine wunderbare Luft, eine Art von immerwährendem Alpdruck, ein Spiegel, dem ein Flor übergezogen. Ich bin seit meiner Ankunft in einer immerwährenden Betäubung.*[76] Im

40

*Friedrich Schlegel.
Zeichnung von
Philipp Veit*

Gegensatz zur französischen Bühne beurteilt er das Londoner Theater positiv: *Das Trauerspiel wird immer noch in hoher Vollkommenheit gespielt, sie haben einen ungeheuren Reichthum an Deklamation, besonders wissen sie das scheinbar Komische im Shakespeare ganz tragisch zu behandeln, dahingegen sie beim Ernsthaften viel eher komische Geberden machen. Sind auch die Engländer seit Elisabeth stets gesunken, so hat doch das Trauerspiel noch völlige Popularität behalten. An neueren Stücken ist viel Armuth.*[77] Im allgemeinen fühlt Arnim sich in England beengt, beklagt die kühlen Sommer und die milden Winter, die tonlose Sprache und die Eintönigkeit der Speisekarte.

Zu dieser Zeit begann sich bei den Brüdern ein akuter Geldmangel bemerkbar zu machen. Trotzdem unternahm Arnim im Herbst 1803 eine größere Reise nach Wales und ins schottische Hochland: *Hier an der Grenze von Schottland ist uns das Geld ausgegangen,* schreibt Arnim in einem Brief, *geht mir das Geld aus, so geht mir der Muth auf und ich bin wie ich lange nicht war zum Schreiben aufgelegt.*[78] Tatsächlich entstanden während der England-Reise viele kleinere Arbeiten, die entweder unvollendet und unveröffentlicht oder erst viel später fortgesetzt wurden. Eindrücke aus dieser Zeit hat Arnim in mehreren seiner Erzählungen verarbeitet, wie zum Beispiel in *Owen Tudor* (Erstdruck 1821), in *Die Ehenschmiede* (Erstdruck postum 1839) und in *Mistris Lee* (Erstdruck im *Wintergarten,* 1809). Nach seiner Rückkehr nach London schrieb Arnim zu Weihnachten 1803 an Brentano: *Ich bin drei Monate herumgereist, das ist die Ursache meines langen Schweigens. Ich bin herumgehetzt worden*

41

London. Stahlstich, 1836

wie ein Wilddieb, den man an einen Hirsch angeschmiedet durch die Wälder jagt.[79]

Kurze Zeit darauf starb Arnims Vater, und es wurde klar, daß das Vermögen, auf welches die Brüder gehofft hatten, nicht groß war. Am 6. März 1804 schreibt er seinem Onkel Schlitz: *Unser Vermögen scheint nicht groß zu seyn, also muß unser Haushalt um so besser werden. Besser andern schuldig seyn als daß andre uns schuldig sind, denn (wenn wir Geld haben) es stehet bey uns jene zu bezahlen, ob jene uns bezahlen das stehet nicht bey uns . . . Aber ohne Scherz wir haben kein Geld, unsre Bank muß alle Zahlungen suspendiren . . . Ich tröste mich mit der Geschichte älterer und neuerer Zeit, mit Diogenes, dem Römer (wie hieß er doch schon?) bey dem Gericht Teltower Rüben u. s. w., doch möchte ich lieber meinen Namen in Niarm als in Armimmer verwandeln lassen.*[80]

Im Frühjahr lernte Arnim bei dem damals sehr erfolgreichen Maler Peter Eduard Ströhling die italienische Sängerin Grassini kennen, die vom März bis Juli 1804 an der Londoner Oper gastierte. Arnim mag sie schon in Berlin im Spätherbst 1801 gehört haben, aber in London reifte die Bekanntschaft zu einem intimeren Verhältnis. Ströhling malte zu dieser Zeit sowohl Arnims Porträt wie auch jenes der Sängerin. In Ströhlings Atelier wurde Arnim *die erste Italiänische Sängerin der Welt Sig: Grassini* vorgestellt. *Ihre Bekanntschaft ist mir interessant geworden durch ihre wichtigen politischen Verhältnisse*, schreibt er in einem Brief an Brentano; *sie hat den kleinen Welteroberer Bonaparte in ihren Armen*

42

gehabt. Wenn sie ihn doch erstickt hätte! – – Die Politik schmerzt mich tiefer als ich es aussprechen kann, das Hauß Oesterreich ist ein ewiger Fluch für Deutschland, daß die Franzosen seine niederträchtige Dummheit benuzen, wer kann es verargen. – Ich suche mich also politisch zu trösten, es gelingt mir aber nicht ganz, ich will dir, wenn es mir gelingt in ein Paar Versen Bescheid sagen.[81] Was Arnim mit dieser «politischen Tröstung» meint, geht aus dem folgenden, recht anzüglichen Gedicht hervor, in dem er auf die Grassini als *Königin der Liebe* anspielt, bei der er als frecher Dieb *Die Franzosen* [= Franzosen] *gerissen/Vom Throne vom Kissen.*

Arnims Lebensverhältnisse in London waren wegen des Geldmangels äußerst eingeschränkt, was sich auch in seiner Wahl des Quartiers zeigt, welches er Brentano beschreibt: *Fantastisch sieht es bey mir aus. Muscheln und Zeichnungen und rothe Steine und Violinen sind an der Wand vertheilt, dort einer der eine Kaze auf der flachen Hand balancirt, daneben König und Königin von Frankreich den Dauphin in der Mitte, die Guillotine unten ferner ein Seeoffizier in einen Lehnstuhl gerekelt vor dem ein Mädchen im Schnürleib mit Schmetterlingsflügeln auf dem Klavier spielt u. s. w.*[82] Endlich sandte Frau von Labes mit einem Brief vom 7. April 1804 eine beträchtliche Summe Geldes an ihre Enkel. Ursprünglich hatten die Brüder geplant, sofort nach Eintreffen des Geldes nach Deutschland zurückzukehren. Kurz zuvor erkrankte Arnim aber lebensgefährlich an einer Leberentzündung, die ihn nötigte, die Abreise von London bis Anfang August zu verschieben. Arnim arbeitete gerade an der Erstfassung eines Trauerspiels *Friedrichs Jugend*, dessen zweite Fassung infolge seiner Erkrankung erst viele Monate später fertiggestellt wurde. In einem Brief Brentanos an Savigny heißt es: «Arnim . . . arbeitete ein historisches Schauspiel ‹Friedrich der Einzige› in London . . . In der Scene, da die weiße Frau im Schlosse herumgeht und Friedrichs Vater sterben soll bei dem bestimmten Fall eines Rosenkranzkornes, den sie singend abzählt, ergriff den Dichter plötzlich seine Leberkrankheit, er lief das Lied der weißen Frau sprechend durch die Straßen Londons und ward den folgenden Tag in einem Londoner Wirtshaus eine Stunde von seiner Wohnung todkrank. So oft er den Fieberparoxismus beschleunigen wollte, sagte er die Verse und er kam.»[83]

Sobald Arnim genügend genesen war, schiffte er sich nach Holland ein und fuhr von dort rheinaufwärts nach Deutschland. Nachdem er einige Zeit auf Zernikow verbracht hatte, nahm er eine vorläufige Wohnung hinter der katholischen Hedwigskirche in Berlin und begann sich eingehend seinen literarischen Arbeiten zu widmen. In Erwartung Brentanos, der seinen Besuch angekündigt hatte, zog er aber dann in ein geräumigeres Quartier im Levischen Haus hinter dem neuen Packhof. Bald schloß er sich wieder der Berliner Gesellschaft an.

Das «Wunderhorn»

Clemens Brentano hatte am 29. November 1803 Sophie Mereau geheiratet, deren erste Ehe mit Friedrich Ernst Carl Mereau im Juli 1801 gelöst worden war. Die wenigen Jahre, die Clemens mit seiner Frau zusammen lebte, waren stürmisch und reich an Unglück. Der Erstgeborene, Achim Ariel, starb schon kurze Zeit nach der Geburt, worauf das Ehepaar im Juli 1804 von Marburg nach Heidelberg übersiedelte. Auch hier fand Clemens keine Ruhe. Am 28. August 1804 schrieb er an Arnim: «Ich komme bald zu Dir! Da Dein Bild vor mir stand, da ich Dich wiedersah, mußte ich schrecklich weinen. Mein Kind ist nur fünf Wochen alt geworden, Gott hat es zu sich genommen. Du hast eine große Reise durch die Welt gemacht, ich durch mein Inneres.»[84]

Arnims Einladung folgend verließ Clemens Heidelberg gegen Ende Oktober; am 13. November traf er in Berlin ein. Von hier aus machten die Freunde Exkursionen nach Wiepersdorf und nach Ziebingen zu Tieck. An Sophie schrieb Clemens am 19. November: «Arnim und ich arbeiten jetzt den Ponce zusammenzuziehen, um ihn womöglich aufs Theater zu bringen. Auch haben wir einen Plan, unsre Lieder zusammen herauszugeben.»[85] Der Plan betraf eine Sammlung von Volksliedern; er kulminierte, nach einigen Wandlungen, in der Entstehung von *Des Knaben Wunderhorn*.

Die Idee einer Sammlung volkstümlicher Lieder war nicht neu. Unter den Vorgängern, die die *Wunderhorn*-Herausgeber beeinflußten, befinden sich Herder (der den Terminus «Volkslied» überhaupt als Übersetzung aus dem Englischen einführte), Nicolai mit seinem «feynen kleynen Almanach», von Eschenburg, Gräter und Anselm Elwert mit den «Ungedruckten Resten alten Gesangs». «Es muss in diesen simplen Liedern doch etwas stecken, was ihnen Stärke gibt, dem Zahn der Zeit zu trotzen», hatte Elwert geschrieben; und Arnim bestätigte kurze Zeit bevor ihm Elwerts Büchlein vorlag: *Wir wollen allen alles wiedergeben, was im vieljährigen Fortrollen seine Demantfestigkeit bewährt, nicht abgestumpft, nur farbespielend geglättet.*[86] Das Interesse Arnims am Volksliedhaften läßt sich schon lange vor der Entstehung der *Wunderhorn*-Sammlung bezeugen. Arnims erst kürzlich veröffentlichte Rede *Das Wandern der Künste und Wissenschaften*, gehalten 1798 nach Abschluß des Gymnasiums, enthält die Idee, daß Kunst etwas dem Volke Eigenes ist und sich durchaus nicht nur in gewissen Erdteilen oder Ständen entwickelt: *Die Erde ist an allen Orten eine Werkstädte menschlicher Kunst, ihr Geist an allen Orten der Ausbildung seiner Kräfte fähig.* In diesem Sinne werden alle Völker im künstlerischen Schaffen vereint. Das Produkt des Einzelnen ist nur ein Glied im Ganzen. Aber bereits hier sieht er die Möglichkeit für Deutschland, in diesem fortschrittlichen künstlerischen Bemühen aller eine führende Stellung in der Gegenwart einzunehmen: *Allgemeiner Weltbürgersinn* soll *durch Deutsche vorzüglich verbreitet* werden *sowie durch die neuesten politischen Veränderungen* [87]. Arnims eigenes Schaffen und Sammeln des Vorgeschaffenen zielt immer auf diese doppelte Forderung ab: Volkserziehung durch Kunst; Volksregeneration durch volksfreundliche politische Unterstützung, welche dem einzelnen die zum Schaffen nötige Freiheit und Bildung garantieren soll.

Auch aus Zürich hatte er am 9. Juli 1802 eine Anzahl von Liedern an Brentano gesandt, die er entweder neu gedichtet oder umgewandelt hatte. Eines davon (jenes auf Tell) nahm er in seine Schweizermiscelle auf. Zu gleicher Zeit schrieb er an den Freund über seinen Plan zur Errichtung einer Sprach- und Singschule: *Sowie Tieck den umgekehrten Weg einschlug, die sogenannte gebildete Welt zu bilden, indem er die echte, allgemeine Poesie aller Völker und aller Stände, die Volksbücher, ihnen näher rückte, so wollen wir die in jenen höheren Ständen verlornen Töne der Poesie dem Volke zuführen . . . Die einfachsten Melodien von Schulz, Reichardt, Mozart u. a. werden durch eine neuerfundene Notenbezeichnung mit den Liedern unter das Volk gebracht, allmälig bekömmt es Sinn und Stimme für höhere, wunderbare Melodien . . . Wichtiger ist die Bearbeitung der deutschen Sprache für den Gesang in einer damit enge verbundenen Schule der Dichtkunst.* [88] Auch der Aufsatz *Von Volksliedern*, den Arnim während Brentanos Aufenthalt in Berlin verfaßte, trägt noch die Spuren jener didaktischen Intention, die Arnim bei der Idee einer Gründung der Sängerschule vorschwebte. Der Aufsatz war ursprünglich als Einleitung zu den «Liederbrüdern» gedacht, wurde aber dann anonym in Reichardts «Berlinischer musikalischer Zeitung» veröffentlicht und später, stark verändert, dem ersten Band des *Wunderhorns* hintangestellt.

Trotz Arnims langjährigem Interesse am Volkslied ging aber der eigentliche Impetus für die *Wunderhorn*-Sammlung von Brentano aus. Am 15. Februar 1805 erneuerte dieser den Vorschlag zu einer Volksliedsammlung in einem Brief an Arnim und gab gleichzeitig seine Ansichten über die formale Gestaltung kund: «Ich habe Dir und Reichardt einen Vorschlag zu machen, bei dem Ihr mich nur nicht ausschließen müßt, nehmlich ein wohlfeiles Volksliederbuch zu unternehmen, welches das platte, oft unendlich gemeine Mildheimische Liederbuch unnöthig mache. Wenn wir zum Anfang nur ein hundert Lieder, die den gewöhnlichen Bedingungen des jetzigen Volksliedes entsprechen, beisammen haben – mehrere sehr vernünftige Prediger der Pfalz haben mich schon darum gebeten, man könnte es abtheilen in einen Band für Süddeutschland und einen für Norddeutschland, weil beide sich in ihren Gesängen nothwendig trennen. Es muß sehr zwischen dem Romantischen und Alltäglichen schweben, es muß geistliche, Handwerks-, Tagewerks-, Tagezeits-, Jahrzeits- und Scherz-Lieder ohne Zweck enthalten, die Klage über das Mildheimische ist allgemein. Es muß so eingerichtet sein, daß kein Alter davon ausgeschlossen ist, es könnten die bessern Volkslieder drinne

Sophie Brentano,
geb. Mereau.
Anonyme
Zeichnung

befestigt und neue hinzugedichtet werden. Ich bin versichert, es wäre viel mit zu würken; äußere Dich darüber, mir ist der Gedanke lieb.»[89] Arnim antwortete am 27. Februar: *Wo mich die Gedanken nicht zu Dir hinführen, da thun es die Bücher. Gestern glaubte ich Dich zu hören, als ich eine Sammlung deutscher Volkslieder von Elwert erhielt . . . Merkwürdig ist eine andre Sammlung Lieder von Greflinger, Rosen und Dörner, Hülsen und Körner (Hamburg 1565), weil darin viele von den Formen vorkommen, die ich von Göthe eigne Erfindung glaubte*; und er fügt fast als Nachgedanke hinzu, nachdem er aus beiden Büchern Beispiele zitiert: *Ueber das Volksliederbuch, denke ich, sind wir lange einig, nicht ohne Dich und mit keinem andern als mit Dir möchte ich es herausgeben.*[90]

Arnims Aufsatz *Von Volksliedern* beginnt zunächst mit einer Rechtfertigung der volkstümlichen Kunst gegenüber den dekadenten, manieristischen Produkten, die dem Kunstgeschmack der gebildeten Stände entsprechen. Wie schon in den *Erzählungen von Schauspielen* schiebt er die Degeneration der bürgerlichen Kunst auf die Notwendigkeit des Künstlers, dem Publikum zu gefallen: *. . . sie denken nicht, daß die besten Steinschneider Sklaven, die besten altdeutschen Maler zünftig waren. Daher das Abarbeiten ihrer edelsten Kraft an Formen des Anstandes . . . Hinter dem vornehmen Anstande, hinter der vornehmen Sprache versteckt, scheiden sie sich von dem Teile des Volks, der allein noch die Gewalt* *der Begeisterung ganz und unbeschränkt ertragen kann, ohne sich zu entladen, in Nullheit oder Tollheit.*[91] Dann vergleicht Arnim das Absinken der Kunst mit der generellen historischen Degeneration, die sich im Leben des einzelnen, des Volkes, ja, ganzer Völkerschaften bemerkbar macht. Wie sich aus dem Unverständnis der Schönheit der Volkspoesie die künstlerischen Bemühungen in natur- und kunstpoetische Richtungen spalteten, so entstand auf politischer Ebene ein Bruch der Einheit zwischen dem Individuum und dem Staat. Das Absinken der Kunst ins Gekünstelte ist für Arnim also nur eine Manifestation des einzelnen in einem allgemeinen Übel: *Es ist das Eigentümliche des Bösen wie der Krankheit: wo es erscheint, da erscheint es ganz, in ganzer Tätigkeit. Das Gute hingegen und die Gesundheit wie Sterne dunkeler Nacht wird selten sichtbar . . . Die Volkslehrer, statt in der Religion zu erheben, was Lust des Lebens war und werden konnte, erhoben schon früh gegen Tanz und Sang ihre Stimme: – – wo sie durchdrangen, zur Verödung des Lebens und zu dessen heimlicher Versündigung; wo sie überschrien, zum Schimpf der Religion . . . Das Wandern der Handwerker wird beschränkt, wenigstens verkümmert, der Kriegsdienst in fremdem Land hört ganz auf, den Studenten sucht man ihre Weisheit allenthalben im Vaterlande auszumitteln und zwingt sie voraus, darin zu bleiben, während es gerade das höchste Verdienst freier Jahre, das Fremde in ganzer Kraft zu empfangen, das Einheimische damit auszugleichen.*[92] Aus diesem Zustand der Verkümmerung aber ist eine Erneuerung möglich, meint Arnim: *. . . wie wir auch sanft ruhen, wir werden doch lieber erwachen; da wird alles anspringen, da wird die Last sich heben wie die Anker bei dem einfachen Liede der Matrosen, wenn sie nur alle zusammen singen.*[93] Weit mehr als eine bloße Sammlung volkstümlichen Gesangs also sollte das *Wunderhorn* werden: zur Regeneration nicht nur der Kunst, sondern auch zur Hebung des gesamten Lebens aus der gegenwärtigen Entartung sollte das Volkslied dienen.

Ganz im Sinne dieser belehrenden und erzieherischen Funktion ging die Zusammenstellung des *Wunderhorns* vor sich. Auf philologisch genaue Wiedergabe, die ja sowieso bei den vielen Varianten mündlich übertragener Volkskunst beinahe eine Unmöglichkeit gewesen wäre, legten weder Arnim noch Brentano großen Wert. Auch eigene Gedichte in der volkstümlichen Art wurden eingeschoben. Obwohl Brentano durchaus am *Wunderhorn* beteiligt war und sich die Freunde oft brieflich über das aufzunehmende Material verständigten, wurde doch die meiste Arbeit von Arnim geleistet. Mit Ankäufen von alten Sammlungen und Anfragen bei anderen Sammlern nach Volksliedern beschäftigte sich Arnim in den folgenden Monaten.

Elwerts Sammlung «Ungedruckte Reste alten Gesangs» (1784) entnahm er das erste *Wunderhorn*-Lied «Ein Knab auf schnellem Roß . . . Ein Horn trug seine Hand». Auch die Vignette des ersten Bands, die einen Knaben zu Pferd, ein Horn schwenkend darstellt, stammt von Arnim. Drei Skizzen davon sind erhalten: die zwei ersten auf einem Manuskript des Gedichtes «Ach, in Trauren muß ich schlafen gehn», die dritte in besser ausgearbeiteter Form auf Arnims Korrektur einer Brentanoschen Niederschrift des Gedichts «Der Bettelvogt». Der Stich des Titelkupfers wurde durch Kunze besorgt. Den Namen «Wunderhorn»

«Des Knaben Wunderhorn». Titelkupfer der Ausgabe von 1806 [1805]

verdankt die Sammlung Johann Just Winkelmanns 1684 in Bremen erschienener Schrift «Des Oldenburgischen Wunder-Horns Ursprung», die auch die Vorlage des Trinkhorns für das Titelkupfer des zweiten *Wunderhorn*-Bandes lieferte. Brentano erwähnt den Titel der Sammlung zum erstenmal gegen Ende Juni 1805 in einem Brief an Savigny.

Inzwischen hatten Clemens und Sophie Arnim an sein Versprechen erinnert, nach Heidelberg zu kommen. Sophie erwartete das zweite Kind ihrer Ehe mit Brentano. Ende April kündigte Arnim seine Abreise nach Heidelberg an: *Mein Sammeln ist recht glücklich*, schreibt er an Brentano. *Koch hat mir Ausschnitte aus dem Deutschen Museum, aus Canzlers*

Quartalschrift, aus Gottscheds Büchersaal, aus tausend andern Zeitschriften gegeben. Auch von Reichardt erhalte ich auf meiner Durchreise viel alte Sachen; sorge doch im voraus für einen Schreiber in Heidelberg . . . Vor dem Ende Mais kann ich nicht bei Dir sein, also zur Taufe! – – die erste, der ich beiwohne.[94] Zur Taufe kam Arnim nicht mehr zurecht. Am 12. Mai hatte Sophie eine Tochter geboren, die bereits nach fünf Wochen am Scharlach starb. Arnim, der unter den Taufpaten an erster Stelle angeführt wurde, kam rechtzeitig zum Begräbnis des Kindes am 18. Juni.

Schon im Juli waren die Vorbereitungen zum *Wunderhorn* so weit gediehen, daß der Druck beginnen konnte. Anfang August fuhren Arnim und Brentano nach Frankfurt, um die Herausgabe zu überwachen. Zur Michaelismesse erschien der erste Band des *Wunderhorns*, der Goethe zugeeignet war. In Beckers «Reichsanzeiger» Nr. 254 wurde am 22. September 1805 die Ankündigung des Buches gedruckt: *Wir glauben durch diese Sammlung dem allgemeinen Wunsche nach näherer Kenntniß deutscher Volkslieder alles das zu gewähren, was ähnliche Sammler in Schottland und England, bey viel leichterer Mittheilung kaum erreichten: eine Auswahl des beßten in jeder Gattung zu liefern . . . wir hoffen, daß einige aufmunternde Worte an die Leser zum Schlusse, den Herausgebern zur Fortsetzung in die Hände liefern, was ihren mehrjährigen Bemühungen entgangen . . .*[95]

Die Fortsetzung des *Wunderhorns* verzögerte sich wegen der Kriegswirren, die damals in Deutschland einsetzten. Arnim nahm großes Interesse an den Entwicklungen der Zeit und begann sich mit politischen Schriften und Plänen zu beschäftigen. Schließlich wurde der Kontakt zwischen den Freunden durch den Krieg unterbrochen, so daß die Arbeit am zweiten Teil des *Wunderhorns* erst im November 1807 erfolgte. Allerdings setzten sowohl Arnim wie Brentano ihre Sammeltätigkeit fort. Im Herbst 1805 waren die Freunde auf Savignys Landgut bei Hanau gereist, wo sich auch Bettina und Caroline von Günderode zur Taufe der in Paris geborenen Tochter Savignys einfanden. Im November verließ Arnim die Freunde und reiste über Nürnberg und Gotha nach Weimar. Nachdem er in Nürnberg seltene alte Bücher gekauft hatte, besuchte er in Gotha den Buchhändler Rudolph Zacharias Becker, der sich damals mit den Vorarbeiten zu «Derschaus Holzschnitte alter Deutscher Meister» (erschienen 1808–16) beschäftigte. In Becker sieht Arnim jenen philiströsen Geist am Werk, den er bei seinen eigenen Arbeiten allenthalben zu unterdrücken suchte: *Der Sünder zerschneidet alte Bücher, ich habe für die Möhrin und für den Fierabras Vorbitten eingelegt. Es ist unglaublich, wie zerstörend eine äußere Ansicht der Kunst ist. Sein ganzer Wunsch ist, durch Zusammenstellung die Namen der Holzschneider herauszubringen. Die armen Teufel hatten sich nun gerade verschwiegen, weil ihre Arbeiten an sich nichts, nur in ihrer Stelle etwas waren.*[96] Schließlich besuchte er Goethe in Weimar, mit dem er nach Jena ging und der ihm Zugang zu altem Liedermaterial verschaffte. Am 16. Dezember 1805 schrieb Goethe an Eichstädt in Jena: «Herr von Arnim, der Mitherausgeber des Wunderhorns, wünschte die Bibliothek zu sehen, vorzüglich aber den Codex alter deutscher Lieder. Da es so kalt ist und in der Bibliothek unangenehm für Wirth und Gäste, so vertrauen Sie mir vielleicht jenen Codex auf einige

Das Titelkupfer der Ausgabe von 1808. Im Hintergrund das Heidelberger Schloß

Tage an; Herr von Arnim sollt' ihn auf meinem Zimmer durchsehen.»[97]

Goethe gefiel das *Wunderhorn* sehr gut, wie Arnim in einem Brief an Brentano gleichen Datums bemerkt: *Meine Ueberkunft danke ich Göthe, der viel, sehr viel Güte für mich hat. Er grüßt Dich, dankt für unsre Sammlung, findet sie sehr angenehm, hat sie gegen viele in Weimar gelobt und wird vielleicht selbst einige Worte darüber in der Jenaer Literaturzeitung sagen.*[98] Diese angekündigte Rezension folgte am 21. und 22. Januar 1806. Sie fiel ungemein positiv für das *Wunderhorn* aus. «Die Kritik dürfte sich vorerst nach unserem Dafürhalten mit dieser Sammlung nicht befassen», sind Goethes erste Worte; mit klarem Blick erkennt er aber den Punkt, der dem gegnerischen Angriff das Ziel bieten würde: die eigenwillige Änderung der Lieder durch die Freunde. «Wer weiß nicht, was ein Lied auszustehen hat, wenn es durch den Mund des Volkes, und nicht etwa nur des ungebildeten, eine Weile durchgeht!» schreibt er deshalb. «Warum soll der, der es in letzter Instanz aufzeichnet, mit anderen zusammenstellt, nicht auch ein gewisses Recht daran haben?» Im Volkslied, schreibt Goethe, «ist die Kunst mit der Natur in Conflict, und eben dieses Werden, dieses wechselseitige Wirken, dieses Streben scheint ein Ziel zu suchen, und es hat sein Ziel schon erreicht. Das wahre dichterische Genie, wo es auftritt, ist in sich vollendet, mag ihm Unvollkommenheit der Sprache, der äußeren Technik, oder was sonst will, entgegenstehen, es besitzt die höhere innere Form, der doch am Ende alles zu Gebote steht.»[99]

Im *Wunderhorn* findet sich das romantische Element nicht nur in der Stoffwahl, im Zurückgreifen auf das Ursprüngliche, Unaffektierte im Kunstwerk, sondern auch in der Form seiner Darbietung. Das für die Romantik so typische poetologische Verfahren der Mischung des scheinbar Gegensätzlichen zu einem neuen Ganzen ist nicht nur in der Wahl der Lieder für das *Wunderhorn* und nicht nur im Einschub von eigenen Gedichten in die Sammlung bemerkbar. Auch das Titelkupfer für den zweiten Band ist eine Kontamination. Die Hauptvorlage lieferte wieder Johann Just Winkelmanns Schrift «Des Oldenburgischen Wunder-Horns Ursprung», die schon den Namen der Sammlung bestimmt hatte. Die darin enthaltene Abbildung des Oldenburger Horns stimmt im wesentlichen mit dem Bild des *Wunderhorn*-Kupfers überein. Einige Änderungen, wie zum Beispiel die Schellenverzierung am Rand des Horns, stammen aus Balthasar Bekkers «Die Bezauberte Welt» (1693). Arnim hatte seinerzeit an den Verleger Zimmer geschrieben: *Auf das Titelblatt des zweiten Theils können wir das alte Horn . . . abbilden lassen, um zu charakterisiren, wie das reine alte Lied immer hervortritt, nachdem der Knabe geblasen.*[100] Dagegen wurde die im Hintergrund erscheinende Ansicht der Stadt Heidelberg mit dem Schloß (das 1689 zerstört wurde) dem Emblem Nr. LIII aus Julius Wilhelm Zincgrefs «Emblematum Ethico-Politicorum Centuria» (1624) entnommen. Wie in der Sammlung selbst ist also auch schon im Titelkupfer die Methodik der Restauration und Vermischung angewendet. Die Zeichnung lieferte Wilhelm Grimm nach Brentanos Angabe, von dem wahrscheinlich die Idee überhaupt stammt. Während der Drucklegung des zweiten Bandes wurde beschlossen, die Fülle des Materials auf drei Bände zu verteilen.

*Johann Heinrich Voß.
Zeitgenössischer
Kupferstich*

Trotz Goethes positiver Rezension ließ die negative Kritik nicht lange auf sich warten. Friedrich Schlegel, der schon am 11. November 1805 an seinen Bruder geschrieben hatte, die *Wunderhorn*-Sammlung enthielte «eine grosse Menge Schund, Kropzeug, Crethi und Plethi mit vielen eignen Brentanereien»[101], lieferte 1808 eine wenig schmeichelhafte Kritik des *Wunderhorns*. «Wenn nur auch die Sorgfalt der Behandlung und der Auswahl dem Reichthum einigermaßen entspräche! wenn nur nicht so manches Schlechte mit aufgenommen, so manches Eigne und Fremdartige eingemischt wäre, und die bey einigen Liedern sichtbare willkührliche Veränderung nicht bey dem größten Theil der Leser ein gerechtes Mistrauen auch gegen die übrigen einflößen müßte.»[102]

Goethe war auch von den folgenden Bänden sehr angetan. Sein Tagebuch verzeichnet am 13. März und am 13. November 1808, daß er abends bei Johanna Schopenhauer aus dem zweiten bzw. dritten Band der Volksliedsammlung vorgelesen hatte. Unterdessen waren aber zwischen Johann Heinrich Voß und einigen der Romantiker persönliche literarische Streitigkeiten entstanden. Voß' Wohlwollen konnte sich schnell in Feindschaft wandeln. Eine bisher ungedruckte Dankadresse vom «Neujahrstage 1808»[103], verfaßt von Brentano und Arnim, die ursprünglich dem zweiten *Wunderhorn*-Band vorangestellt werden sollte, nennt unter anderen Goethe, die Brüder Grimm und Voß als Förderer der Volksliedsammlung. Während Arnim aber noch am 12. Februar 1808 an Brentano schreibt: *Ich finde den alten Voß ganz verträglich, ich sage ihm rund meine*

Meinung, er nimmts gar nicht übel[104], hatten sich Görres, Creuzer und Brentano bereits den Haß des alternden Voß zugezogen. Verärgert durch Beiträge in der von Arnim herausgegebenen *Zeitung für Einsiedler*, in denen sich Voß verspottet fühlte, ließ er seine Wut in einer bissigen Rezension der neuen *Wunderhorn*-Bände aus. Darin spricht er vom ersten Band als «zusammengeschaufeltem Wust, voll muthwilliger Verfälschungen, sogar mit untergeschobenem Machwerk» und fährt fort: «Noch schamloser haben sie am Schlusse des dritten Bandes, vor dem Anhange der läppischen Kinderlieder, mit modern höflichem Krazfuße, ‹Sr. Excellenz dem Herrn Geheimerath v. Goethe und allen Förderern dieser Sammlung›, ihren Dank abgestattet.»[105]

Goethe enthielt sich der Streitigkeiten und lehnte es auch ab, die Fortsetzung des *Wunderhorns* zu rezensieren. Privat äußerte er sich aber am 14. Dezember 1808: «Für seine Angriffe in der Rezension über das Wunderhorn will ich ihn [Voß] auch noch einst auf den Blocksberg zitieren.»[106] Im «Faust»-Paralipomenon Nr. 47 finden sich dann auch die «Blocksberg-Candidaten»:

> Eutiner
> Mit Fleiß und Tücke webt ich mir
> Ein eignes Ruhmgespinste
> Doch ist mirs unerträglich hier
> Auch hier find ich Verdienste
>
> Wunderhorn
> Hinweg von unserm frohen Tanz
> Du alter neidscher Igel.
> Gönnst nicht dem Teufel seinen Schwanz
> Dem Engel nicht die Flügel.[107]

Auf die Rezension von Voß antwortete Arnim mit einer Gegenerklärung, die am 6. Januar 1809 im «Intelligenzblatt der Jenaischen Allgemeinen Literatur-Zeitung» gedruckt wurde. Voß antwortete hierauf fünf Tage später und Arnim erwiderte öffentlich am 15. Februar.

Selbstverständlich erntete das *Wunderhorn* nicht nur negative Kritik. Neben Goethes Rezension sind auch die sehr positiven Bemerkungen Bernhard Docens («Aurora», 25. Oktober 1805) und vor allem jene von Joseph von Görres («Heidelbergische Jahrbücher», März 1809 und August 1810) zu erwähnen. Die literarischen Streitigkeiten verleideten Arnim aber die Weiterarbeit am *Wunderhorn*. Der vierte Band der Sammlung wurde erst 1854 postum aus Arnims Nachlaß zusammengestellt. Voß' Polemik trug aber auch viel dazu bei, Arnims Position in politisch orientierten Kreisen zu schädigen und ihm eine Staatskarriere, die er nun in Erwägung zog, so gut wie unmöglich zu machen.

Die politischen Schriften

Im September 1805 hatte Brentano nach seinem Wiesbadener Kuraufenthalt eine Rheinfahrt mit Sophie, Bettina und anderen unternommen, der sich Arnim von Frankfurt aus anschloß. Nach Brentanos Rückkehr nach Heidelberg schrieb er an Arnim in Frankfurt, daß es dort von Franzosen wimmelte. Napoleon hatte seine Regimenter über den Rhein gegen Österreich geführt. «Es sind seit gestern Abend zehntausend Mann durchmaschirt», schreibt Brentano, «sie sahen aus wie müde Leute. Heute sagte man hier, daß gestern schon ein österreichisches Piquet in Heilbronn gewesen sei. Ich weiß nicht, was es werden wird; da hier herum keine Festungen mehr sind, so ist es mir sehr wahrscheinlich, daß der Krieg im südlichen Schwaben sein wird.»[108]

Arnim, der die französische Strategie schon seit Jahren verfolgte, sah die Unentschlossenheit und Untätigkeit der preußischen Regierung gegenüber Napoleon mit großem Unbehagen. Bei seinem Besuch im Dezember 1805 in Jena reifte sein Entschluß, selbst bei der Verteidigung des Landes mitzuwirken. Am 17. Dezember berichtet er an Brentano: *Der Abend gestern hat mich sehr lebendig bewegt, ich hatte den Tag mit Göthe zugebracht . . . Den Mittag sah ich Nostiz, einen alten Universitätskamerad, jetzt vom Prinzen Ludwig zum Adjutanten erwählt, und schämte mich meines trägen Lebens . . . Den Abend aß ich im Schlosse mit dem Herzog, dem Prinzen Ludwig und Jagemanns. Der Prinz war herrlich in Hoffnung und Zutrauen, ich trank ihm zu Glück und Sieg und ein schönes Reich im Süden. Nachher bot ich ihm meine Dienste an, wo er mich brauchen könnte . . . Der Prinz war sehr freundschaftlich . . . Er hat mich zu sich gebeten in sein Hauptquartier, in ein paar Tagen bin ich dort. Sei so stumm über das, was ich Dir schreibe, wie meine Ahndung über das, was ich eigentlich will . . . Vielleicht ist das Ganze nur ein leeres Spiel.*[109] Die Möglichkeit aktiver Teilnahme an der Landesverteidigung zerrann so schnell, wie sie sich eröffnete. Schon drei Tage später schrieb er weiter an Clemens: *Waffenstillstand – Winterschlaf! Ich gehe nicht ins Hauptquartier, woher der Prinz bald zurückkehrt, sondern nach Halle.*[110]

Die Weihnachtsfeiertage verbrachte Arnim bei Reichardts in Giebichenstein, und im Februar schrieb er Goethe bereits aus Berlin: *Seitdem ich aus dieser* [Goethes Gegenwart] *entfernt, ist mir viel schlechtes Wetter in der Welt gewesen, und der jüngste der Tage wird mir in den Weltbegebenheiten nicht lieber . . . Den Schlagball meiner politischen Erwartungen habe ich vom Felsen in die Saale hinunter springen sehen.*[111] In diesem

Französisches Lager bei Berlin im Jahre 1808

Brief an Goethe wird sein Unwille über die Abwicklung der politischen Ereignisse deutlich. Er meinte, es wäre unklug, die Truppen zurückzuziehen, *während die Franzosen sich am Rheine zahlreich versammeln und das alte Haus bedrohen. Und diese Leute waren zwar nicht zu allem fähig, aber zu allem bereit . . .*[112] Über Fichte, der später auch ein Mitglied der von Arnim gegründeten Christlich-Deutschen Tischgesellschaft wurde, berichtet Arnim an Goethe folgendes: *Fichte hält eine Anleitung zum seligen Leben einer zahlreichen Versammlung vor, er läst sie allerley Kunststücke machen, läst sie an einem Lichtstrahle in die Tiefe hinunter, führt sie an die Grenze als wären sie mobil gemacht, da putzt er sein Sparlämpchen aus und man ist eingeweiht.*[113] Mit Fichte trat Arnim gegen Ende des Jahres wieder in Verbindung, als sich in Königsberg eine Gruppe der Patrioten mit Plänen zur Rettung Preußens zusammentat. Inzwischen meldete er Goethe, daß er am 19. Februar 1806 auf das Gut seines Onkels in Karsdorf zu reisen gedenke. Goethe antwortete am 9. März und übersandte ihm ein Stammbuchblatt mit dem Spruch «Consiliis hominum pax non reparatur in orbe. Memoriae Goethe».

Der Spruch machte großen Eindruck auf Arnim, der tätig in die politischen Begebenheiten eingreifen wollte und dem die Möglichkeit dazu nicht gegeben war. Aus Karsdorf schrieb er an Goethe im Mai 1806: *Nicht durch Menschen wird der Frieden wiedergewonnen: diese Worte Ihres vielverehrten Andenkens haben sich mir so tief eingedacht, daß sie mir aus*

55

jeder Gegend, aus jedem Sonnenstand der Betrachtung zusprechen.
Gleichzeitig berichtet er von seinem lebensgefährlichen Sturz beim Zureiten eines Pferdes, dessen Folgen ihn lange Zeit ans Bett fesselten:
Ein brauner Engländer (den ich an die Stange gewöhnen wollte) schlug sich bäumend über, ich muß ihm das Zeugniß geben in dem gepflasterten Hofe mir eine ungepflasterte Stelle ausgesucht, der Lebensseulen Knochen und Mark geschont zu haben, und doch wünsche ich ihm heimlich, daß er in der Schwemme geblendet werden möchte.[114]

Zur Untätigkeit gezwungen, vertiefte sich Arnim in die reichhaltige Briefsammlung seines Onkels, die zum Teil von Arnims Großvater auf Graf Schlitz überkommen war. An Goethe berichtet Arnim über die ungewöhnliche *Lebensweise der Karschin, von der ich hier sehr merkwürdige vertrauliche Briefe mit ungedruckten Liedern in dem Nachlasse meines Großvaters gefunden.* Graf Schlitz, schreibt er weiter, *hat eine Liebhaberey an solchen Briefsammlungen, eine der merkwürdigsten ist eine lange Reihe deutscher Briefe Friedrich des Zweyten von Preussen über Goldmacherey . . .*[115]

Die Briefe an Goethe enthalten auch Bemerkungen über das märkische Adelswesen und die unhaltbare Lage der Bauernbevölkerung. Seine Kritik an der gegebenen Ständeordnung, die auch in den politischen Aufsätzen wieder auftaucht, zeigt, wie unrichtig die allgemeine Annahme ist, daß Arnim ein konservativer Vertreter des märkischen Adels gewesen sei. Er prangert den *nachlässigen, immer nur jagenden Adel* an und ergreift die Partei der Bauern, die *in drückenderer Lage waren als Tagelöhner, ungeachtet auch bey diesen ein Theil ihres Lebens immer Wohlthat des Gutsbesitzers in theuern Kornjahren ist. Das Land wird durch gute Jahre nicht reicher . . . wenige schlechte Jahre nach einander haben es jezt in eine ängstliche, geldbettelnde Lage versetzt.*[116] Auch in einer noch unveröffentlichten Handschrift spricht Arnim von einer apriori notwendigen ökonomischen Reform, da der *allgemeine drückende Mangel* der unteren Bevölkerungsschichten ihre faktische Anteilnahme an standesrechtlichen Umorganisierungen ausschließe.[117]

Bald darauf begab sich Arnim nach Erledigung diverser Geschäfte nach Wiepersdorf, wo er seinen Bruder traf. Die politische Lage beschäftigte ihn weiterhin, und wegen ihrer divergierenden Ansichten geriet er mit Karl in Streit. Am 14. Juni 1806 schreibt er an Brentano: *Auf meinem Gute fand ich meinen Bruder, wir hatten Geschäfte und – Streit. Unser Streit betraf Preußen. Daß die Regierung hätte etwas Außerordentliches leisten können vor einigen Monaten, daran zweifle ich nicht! Doch vor allem gehörte dazu ein ordentlicher Kopf zur Führung, oder wir hätten ebenso unsre Kräfte versplittert wie Oestreich und Rußland . . . Das ists ungefähr, was ich ganz trocken über uns sagen kann. Viele so wie ich haben mehr von unsrer Regierung erwartet, sie schimpfen daher.*[118]

Die Katastrophe, die Arnim schon lange vorausgesehen hatte, brach schließlich über Preußen herein. Noch im Juni wollte Arnim zu den Brentanos reisen, die ihr drittes Kind erwarteten. Zum drittenmal sollte er die Patenschaft übernehmen. Aber die chaotischen Verhältnisse nach der Schlacht bei Jena zwangen ihn, seine Reise abzubrechen. Der Kontakt zwischen den Freunden wurde unterbrochen, und Arnim erfuhr erst

Prinz Louis Ferdinand.
Anonymes Gemälde,
um 1800

1807 durch ein Gerücht, daß Sophie Ende Oktober 1806 bei der Geburt des Kindes gestorben war. Auch das Kind überlebte nicht. Inzwischen war Arnim auf der Reise zu Brentano bei Reichardt in Giebichenstein abgestiegen, wo er Varnhagen von Ense traf. Ende Juli befand er sich in Braunschweig, Mitte August in Göttingen. Am 1. September schrieb er von dort an Goethe: *Meine Absicht ist, wenn der Krieg wirklich durch greift, mit Beyhülfe mancher braver Leute, die ich kennen lernte, ein Tageblat für das Volk zu schreiben . . . als Soldat fürchte ich wenig zu nützen durch meine Aufopferung.*[119]

Dieses Volksblatt sollte «Der Preuße» genannt werden. Am 19. September sandte Arnim eine vorläufige Anzeige eines neuen Volksblattes «Der Preuße» zur Publikation im «Allgemeinen Anzeiger der Deutschen» an Rudolph Zacharias Becker. Das Programmatische des vorgesehenen Blattes geht aus dem Begleitbrief hervor, mit dem Arnim die Anzeige versah: *Der Tod des Buchhändlers Palm fordert jeden Deutschen, der je eine Berührung mit seiner Literatur hatte, zur Rache auf; eher wird es nicht gut, bis die Menschen es sich zum höchsten Glück wünschen, Märtyrer zu werden.*[120] In der Nachfolge Palms, der am 26. August er-

57

Johann Philipp Palm vor seiner Erschießung in Braunau am Inn, 1806.
Zeitgenössische Darstellung

schossen worden war, wollte Arnim mit literarischen Waffen gegen Napoleon kämpfen. Gemäß der Anzeige sollte der Zweck des Blattes sein, Volk und Staat aus der Lethargie aufzurütteln, dem kleinen Mann Gelegenheit zu geben, Wünsche und Befürchtungen andern mitzuteilen und patriotische Einigkeit im Kampf gegen die Franzosen zu fördern: . . . *alles, was geachtete Mitbürger der öffentlichen Bekanntmachung angemessen halten, sei uns willkommen*, schreibt Arnim, *damit sie einmal in dem Lärmen ihr eigen Wort hören*. Ausgeschlossen vom Beitrag zum «Preußen» sollten die *leeren müßigen Schwätzer . . . die Engherzigen . . . die Systematiker . . . die frechen Tadler* sein.[121]

Die Ankündigung des «Preußen» wurde ohne Unterschrift und mit Auslassungen in der 267. Nummer des «Allgemeinen Anzeigers» gedruckt. In Göttingen ließ Arnim noch im Oktober auf eigene Kosten Kriegslieder drucken und als Flugblätter unter die Soldaten verteilen. Zur Herausgabe des «Preußen» kam es wegen Ausbruch des Krieges nicht mehr. Dagegen entstand Arnims Aufsatz *Was soll geschehen im Glücke* wahrscheinlich kurz nach dem Kriegseintritt Preußens im Oktober 1806. Er ist ein Dokument, das so deutlich wie wenige andere Arnims politische Ansichten darlegt. Er enthält einen Aufruf zu fortschrittlicher

Reform und gleichzeitiger Ergreifung internationaler Führerschaft Preußens in der Durchführung sozialpolitischer Reformen. Arnim beginnt mit einer Charakterisierung Napoleons, der das Erbe des revolutionären Geistes in Europa beherrscht: *Napoleon hat den Geist der grösten Volksbewegung unsrer Zeit, der französischen Revoluzion, gefaßt, der schützt ihn, so lange er ihm folgt, er kann geschlagen werden, er wird endlich doch siegen. Ich nenne den Geist der französischen Revoluzion die Unterdrückung der Staatsgewalt des Adels und der Geistlichkeit, die Bildung eines neuen Ritterthums des Geistes und der Wahrheit.* Er führt also Napoleons Erfolge darauf zurück, daß er im Sinne der notwendigen geschichtlichen Entwicklung auf den Zusammenbruch der absoluten Herrschaft von Adel und Kirche baut und dem Sieg der Kräfte der Zukunft vertraut. Diese unterliegen nicht den Gesetzen von Stand und Herkunft, sondern denen der Vernunft und weiser Gerechtigkeit. *Haben wir dagegen einen Streit?* fährt Arnim fort. *Nein; hingegen sind die Besten darin einverstanden. Und doch ist Streit gegen ihn; also nicht gegen die Sache, gegen ihn, wie er als ein beschränktes menschliges Talent jenen Geist deutet.* Napoleon muß bekämpft werden, denn er hat die Kräfte des Fortschritts zu eigenem Nutzen ausgebeutet, statt zum Nutzen der Menschheit. Den erfolgreichen Übergang vom alten zum neuen Staatswesen bedingt also ein Verständnis geschichtlicher Entwicklung. Dieses mangelt den meisten zeitgenössischen Beobachtern, die, wie ja auch Goethe und viele andere, in Napoleon ein einzigartiges und unschlagbares Phänomen erkennen wollen. Arnim verneint diese Ansicht: Napoleon kann geschlagen werden, wenn er mit seinen eigenen Mitteln bekämpft wird. Denn obwohl er den Geist des Fortschritts proklamiert, benützt er die Mittel und Taktiken des alten Systems. Also muß Napoleon bekämpft, der Geist des Fortschritts aber gefördert werden: *. . . selbst wenn es in unsrer Gewalt stünde müste die Revoluzion nicht vernichtet werden, und außerdem wird dies nie der Fall seyn.* Und mit ungemein scharfer Voraussicht sieht Arnim den revolutionären Geist in Rußland reifen: *Der Revoluzionsgeist würde sich augenblicklich einen neuen Napoleon schaffen, vielleicht in Rußland, sie zu vernichten, wäre sogar gegen unsern eigenen historischen Geist . . . und uns selbst zerstörend.* Was geschehen muß ist eine Verallgemeinerung der Grundsätze von Freiheit und Gleichheit: *. . . im Gegentheil, was die Revoluzion wollte muß allgemein werden und was menschlich an ihr war muß untergehen, es muß die individuelle eingeborne Kraft jedes Einzelnen frey werden ohne die Familienbildung zu vernichten.* Das morsche alte Machtsystem darf nicht künstlich aufrechterhalten werden: *. . . es muß nichts bestehen was nicht Kraft dazu hat . . . Was untergegangen muß nicht aus dem Grabe citirt werden, aber was lebendig begraben muß auferweckt werden . . . Das ganze Volk muß aus einem Zustande der Unterdrückung durch den Adel zum Adel erhoben werden.*[122] Was nötig ist, um den neuen Geist weiterzubilden, ist Einigkeit, und für Preußen sieht Arnim nun die Chance, die Zügel des Fortschritts aus den Händen Napoleons an sich zu reißen. Preußen zeigte sich der Chance nicht gewachsen, die Herrschaft Europas zu übernehmen. Nur wenige Tage später erfolgte der Zusammenbruch Preußens. Arnim sah Königin Luise mit verstörtem Gesicht durch Göttingen fliehen, sah die einsetzende Panik und Verwirrung, das

Fehlen kompetenter Führung. Mit verwundeten Soldaten im Wagen erreichte er am 18. Oktober Braunschweig, am 23. Oktober Prenzlau. In Stettin sah Arnim die Übergabe der Festung; das Land war untergegangen, *weil es, zurückgeblieben in der Krone, die meisten Nebenäste und Triebe kappen mußte, der Fehler lag zwanzig Jahre früher*[123]. Am 17. November 1806 hatte Arnim endlich Gelegenheit, seiner Familie zu schreiben: *Heute, als ich den Pfarrthurm bestieg und in die weite Welt sah aus der Stube des Thürmers, da schlug ich mir vor die Stirn: was ist den geschehen? Vier Fürsten, Prinz Ludwig, Herzog von Braunschweig, Eugen von Würtemberg und Hohenlohe, umfassen wie die vier Aussichten meines alten Thürmers den ganzen Umkreis des Unglücks . . . Mit des Prinzen Ludwig Tode hörte für mich jede mögliche Wirksamkeit auf . . . Der Herzog von Braunschweig flieht geblendet wie ein schnöder Verräther seines Volks, der Herzog Eugen von Würtemberg wie eine Vogelscheuche und närrischer Kauz, Fürst Hohenlohe ist mit allen Rodomontaden gefangen. Von meinem Namen zählte ich über zehne unter den Todten. Der größte Theil meiner Ukermark ist ausgeplündert; was ich von meinen Gütern wiederfinde, nehme ich als ein Geschenk des Himmels an.*[124]

Arnim blieb nur kurze Zeit in Danzig und begab sich dann nach Königsberg, wohin der preußische Hof geflüchtet war. Hier nahm er den Kontakt mit anderen patriotisch Gesinnten auf. Die «Hartungsche Zeitung», mit Fichte als Redakteur, stand vaterländischen Mitteilungen offen; Scharnhorst war Mitarbeiter des Blattes. Mit Freiherrn vom Stein und Heinrich von Kleist war er in engem Kontakt und nahm an den Reformversuchen teil, die sich mit der Umorganisation des Heeres- und Staatswesens beschäftigten. Scharnhorst und Gneisenau, vom König mit der Reformation der Armee beauftragt, schlugen einen Weg ein, der sehr ähnlich den Vorschlägen Arnims verlief, die er in seinen Aufsätzen über die Armee lieferte: es wurde die allgemeine Wehrpflicht eingeleitet und ein Volksheer geschaffen, in dem es auch Bürgern möglich war, Offizier zu werden. Von Napoleon gezwungen, mußte der König schließlich auf Freiherrn vom Stein verzichten. Wie Arnim, so hatte auch Stein gefragt: «Wie kann der Gemeingeist wiederbelebt werden?»[125] Mit seinen Reformen (Selbstverwaltung der Städte, Dringen auf Rechte der Bauern), in denen er die Antwort sah, zog sich Stein aber den Unwillen des Korsen zu. Der politisch tätige Kleist, der schon im Januar 1807 Königsberg verließ, wurde von den Franzosen gefangengenommen. Fichte schrieb 1807 die «Reden an die deutsche Nation», in welchen er zum geistigen Widerstand gegen Napoleon aufrief. Schon im Dezember 1806 aber entstand Arnims Aufsatz *An die Pommern und Märker*, in dem er zur Massenerhebung gegen die Franzosen aufforderte. Die Rhetorik des Aufsatzes appelliert an die patriotischen Gefühle des Lesers in Wendungen wie *mit Zuversicht werfen wir uns auf diesen heiligen Boden nieder, der uns geboren*, zu der Erinnerung an Friedrich II. fügt er das noch frischere Andenken an Prinz Louis Ferdinand. Danach geht Arnim auf den praktischen Aspekt der Sache ein: . . . *was gibt es noch für uns zu fürchten . . . wenn euer Leben allen Wert verloren hat, wir können nur gewinnen, auch unser Tod ist ein Sieg über die Sklaverei.*[126]

Vor allem aber hat Arnim erkannt, daß die Zeit des Absolutismus

Gerhard von Scharnhorst.
Kreidelithographie um 1815

August Graf Neidhardt von Gneisenau.
Zeichnung von Wilhelm Hensel, 1819.
Nationalgalerie, Berlin

vorbei war und daß der Staat in Zukunft die Mitwirkung und das Einverständnis des Volkes brauchte, um seine Existenz zu wahren und zu rechtfertigen. Seine Schriften waren deshalb auf Verfassungsreform und Reform im Kriegswesen gerichtet. Im Aufsatz *Von dem einzigen Rettungswege unsres Staates* kritisiert Arnim das Fehlen von Kommunikationswegen zwischen Volk und Staat, Soldat und Offizier, Instanz und Verwaltung, und das daraus resultierende Chaos, das er nach der Schlacht bei Jena einsetzen sah. Er schreibt, er bemerke zu seinem *Erstaunen, daß es ebenso an einer ordnungsmäßigen Mitteilung der Gedanken in öffentlichen Angelegenheiten wie überhaupt an Verbindung fehlt, sowohl unter den verschiednen Zweigen der Verwaltung wie zwischen den einzelnen Provinzen.* Neben dem *Mangel an Mitteilung und Verbindung* zeige sich *jetzt ein gänzlicher Mangel im Praktischen.* Arnim meint, die Verhältnisse hätten sich sowohl im Staats- wie auch im Militärswesen geändert, Preußen sei aber hinter der Zeit zurückgeblieben: *. . . das Verhältnis zu den Bauern hat sich verändert und zum Guten, durch Friedrich ist der Adel in seinem Wesen aufgehoben, und die militärische Begünstigung mußte notwendig nach der Auerstädter Probe aufhören.* Zu den größten Mängeln im Militär zählt Arnim: *1. Insubordination der Generale . . . 2. Anciennitätswesen, der ganze Zwiespalt zwischen dem Offizierkorps und dem Soldatenkorps . . .* Weitere Mißstände sieht Arnim im Mangel an guter Bewaffnung und in der unpraktischen Beklei-

61

dung, die *eine Art Hemmung aller freien Bewegung* bewirkt, *woran unser großes, schwerfälliges Volk überhaupt keinen Überfluß hat.* Schließlich kritisiert er den *Handelsverkehr der Kompagniechefs*, den er *eine Art erlaubten Betrugs mit Beurlaubten* nennt, und die *Unfähigkeit zu lernen aus eigner und fremder Erfahrung eine Folge der Adelsgunst, des Anciennitätswesens und daraus folgenden frühen Eintritts und der allgemeinen Nachlässigkeit.* Den automatischen Offiziersrang der Adligen kritisiert er ebenfalls: *Ich zweifle gar nicht,* schreibt er, *daß ich als Adliger vielleicht gleich Leutnant werden könnte, und doch könnte ich nach meiner Ueberzeugung in der Ausübung nur fürs erste gemeiner Soldat sein nach Gewissen und Recht.*

Arnims Vorschläge zur Behebung dieser Mängel sind radikal. Er verlangt, daß der *König das ganze Volk adelig* erkläre und gibt freimütig zu: *Die kleineren Privilegien der einzelnen Provinzen, Städte und alten adeligen Geschlechter gehen dadurch unter, es gibt nur eine Landesgerichtsbarkeit, die scheinbare Adelsgerichtsbarkeit schwindet von selbst . . . Talent hebt empor*, nicht Geburt.[127] Es ist offensichtlich, daß Arnim mit einer derart durchgreifenden Umänderung der gesellschaftlichen Verhältnisse bei den wenigsten seiner Standesgenossen auf Sympathie stieß.

In zwei weiteren Aufsätzen versucht Arnim den Unterschied zwischen der erfolgreichen französischen Armee und der geschlagenen preußischen auf divergierende materielle und psychologische Faktoren zurückzuführen. Seine Erkenntnisse sind durchaus nicht nur aus den Erfahrungen der Jenaer Schlacht hervorgegangen, wie ein Brief an seinen Onkel Schlitz vom 30. Dezember 1802 bezeugt. Teile des Aufsatzes von 1806 stimmen sogar wörtlich mit einzelnen Briefstellen überein. Im Brief schrieb Arnim zum Beispiel: *. . . in der französischen Armee glaubt jeder, daß das Schicksal der Schlacht von seiner Brigade, also von ihm abgehangen und so muß es seyn, wenn es gut gehen soll, einen Soldaten zur Maschine machen ist lächerlich.*[128] Der Aufsatz *Von der französischen Armee* beginnt mit einer nahezu identischen Passage. Dann fährt Arnim fort: *Und die französische Armee war ein Ganzes! Offiziere und Soldaten waren nicht durch ewige Gesetze geschieden; hier war Freiheit, Gleichheit und die Herrschaft des Gesetzes, wovon man eigentlich im Innern des Landes nur sprach.*[129]

Bei der preußischen Armee jedoch hat der Soldat wenig Gelegenheit zu wirken. Der lange Frieden verursachte eine Nachlässigkeit bei der Instandhaltung von Waffen und Ausstattung; die Offiziere bestehen auf überflüssigem Luxus; eine Kameradschaft zwischen Offizier und Soldat kann sich nicht entwickeln. Dies sind die Hauptpunkte des Aufsatzes *Die Mängel der preußischen Armee.* Arnim spricht vom *dummen Stolze der älteren Offiziere*, von der *beispiellos schlechten Bekleidung und Bewaffnung der Truppen* und von der *tollen Auszeichnung der Offiziere im Hut, in der Schärpe, durch farbige Ueberhosen, der Unteroffiziere durch das verfluchte Sponton, womit sie wie beim Vogelschießen* dem Feind ein leichtes Ziel bieten. *Veraltet ist das ganze Verhältnis zwischen Offizier und Soldaten, diese Art von gänzlicher Trennung*, meint Arnim: *. . . entweder müßten Schläge nicht entehrend sein für Offiziere oder nicht angewendet werden gegen Gemeine.*[130]

Es ist möglich, daß diese Aufsätze für die «Hartungsche Zeitung» unter Fichtes Redaktion bestimmt waren. Sie blieben damals aber alle ungedruckt. Jedenfalls war sich Arnim darüber im klaren, daß für ihn wenig Hoffnung bestand, tätig in die politische Situation eingreifen zu dürfen: *Ich fühle es, daß der Staat mich jetzt nicht eigentlich brauchen kann*, heißt es in einem der Essays.[131] Auch darin behielt er recht. Die Zeit für derartig radikale Gesinnungen war noch nicht gekommen, wie auch Freiherr vom Stein bald erfahren mußte. Für Arnim begann nun in Königsberg eine Zeit der Ungewißheit und des Zweifels sowohl im beruflichen wie auch im privaten Leben.

Krisenjahre der Reifezeit

Am 3. Januar 1807 schrieb Caroline von Labes an ihren Enkel: «Ich habe von dir 1 Brief aus D[anzig] und 3 aus K[önigsberg] erhalten; ich habe sie aber nicht beantworten können, indem die hiesiege Post keine Briefe nach deiner Gegend annimt, jetzt scheinet es, daß sich eine Gelegenheit findet, wodurch dieses zu bewerkstelligen, und dir zu deinen dortigen vergnügten Auffenthalt, und gutten befinden Glück zu wünschen – ich lebte ja diesen Zeitraum nicht hier eben so glücklich; starke Einquartirungen mit den damit verknüpften Unannehmlichkeiten haben mich schwer gedrückt.»[132] Wohlbefinden und vergnügter Aufenthalt Arnims in Königsberg waren zunächst auf seine unverzügliche Aufnahme in die dortigen Gesellschaftskreise zurückzuführen. Aber schon bald nachdem ihn Elisabeth Staegemann im Hause ihres Schwagers, Kommerzienrat Schwink, eingeführt hatte, verliebte sich Arnim in dessen Tochter Auguste. Gewöhnt an die Aufmerksamkeiten von Männern von Geist und Witz, die bei ihrem Vater aus politischen und geschäftlichen Gründen verkehrten, besaß Auguste eine Gefühlskälte, die manchmal in eine gesuchte Grausamkeit ausartete, mit der sie ihre Verehrer gegeneinander ausspielte. Arnims feinfühliges und offenes Wesen war ihr nicht gewachsen. Er versuchte ernsthaft, ihren ästhetischen Geschmack zu bessern, nachdem er ihre Vorliebe für schlechte Romane erkannt hatte, und in ihr das Interesse für literarisch wertvollere Bücher zu wecken. Sie gab ihm aber kaum Anlaß, sich unter den Bevorzugten zu fühlen.

Dennoch schreibt er schon am 27. März 1807 an Bettina: *Wie gern möchte ich Sie in den Kreis meiner neuen Bekanntschaften einführen*; über Auguste schreibt er: wie *eine dunkle nächtliche Himmelsbläue über einem Schlachtfelde ist ihr Anblick meine Ruhe, sie stört keinen Eindruck, vielmehr scheinen die ewigen Sterne ferner Freundschaft heller und glänzender durch sie zu mir her.*[133] In Bettina sah Arnim nach wie vor die Schwester des Freundes und die Brieffreundin. Im Mai 1807 bekennt er Clemens seine Liebe zu Auguste: *Gott weiß allein, wie gut ich ihr bin; sie scheint gleichgültig gegen mich wie gegen andre . . .*[134]

Schwinks, denen Arnims unwiderte Zuneigung zu ihrer Tochter nicht entgangen war, drängten ihn, Königsberg zu verlassen. Arnim verzögerte die Abreise – angeblich um die Familie zu beschützen. Ein Brief an Brentano vom 17. Juli enthält die Zeilen: *Den 16ten Morgens gegen 3 Uhr rückten die Franzosen hier ein, es geschah im Allgemeinen mit Ordnung. Den 14ten, Sonntags, sah ich von den Wällen einer Schlacht zu.*

Unsre Truppen, die sehr viel schwächer waren, mußten sich zurückziehen.[135] An Bettina schreibt er am selben Tag: . . . *die Erndte ist als Pferdefutter zerstört, viel aus Muthwillen, und wo vor ein paar Wochen auf dem Schloßteiche noch die Königin mit Gesang umherfuhr, den hat jetzt die Hitze mit grünem Schlamm überzogen.*[136]

Arnim war derart von Auguste beeindruckt, daß er sie mehrmals bitten wollte, seine Frau zu werden. Trotzdem kam es nie zu einer eigentlichen Erklärung. Eine solche ungenützte Gelegenheit beschreibt Arnim in einem Gedicht, dessen Szene im Garten ist: Das Mädchen sitzt einsam am Teiche, während ihr Liebhaber hinter einigen Zweigen versteckt darauf wartet, daß sie mit ihrem Frühstück fertig wird, ehe er sich ihr erklärt:

> *Sie hatte da des Brots so viel,*
> *Daß sie's verkrümelte zum Spiel;*
> *Die kleinen Fische blinkten munter*
> *Und sprangen aufwärts, tauchten unter.*
> *Sie sah in Ruh dem Drängen zu*
> *Und warf mit ihrem seidnen Schuh*
> *Statt Brot viel kleine Steine nieder.*
> *Das tat mir leid, war mir zuwider,*
> *Die stummen Tierchen so zu necken.*
> *Ich unterließ mich zu entdecken,*
> *Ich meinte tief in sie zu blicken:*
> *Beglücken kann sie nicht, nur zwicken,*
> *Sie führte jeden lieber an,*
> *Als daß sie einen nähm' zum Mann.*[137]

Schließlich sah Arnim ein, daß seine Werbung unnütz war, und entschloß sich, Königsberg zu verlassen. An Bettina bemerkt er in einem Brief vom 6. August: . . . *mein Entschluß war gefaßt, ich wüthete mich los von allen Wurzeln und Ausläufern, die ich mir hier getrieben* . . . *opferte den Verstorbenen und meinen sterbenden Hoffnungen; es war so still, denn es war Sonntag, sogar die Vögel feierten, und mein Entschluß war gefaßt, mit Reichardt fortzugehen* . . .[138] Die Abreise verzögerte sich aber noch, weil Reichardt erkrankte. Bettina nahm in ihrem Antwortbrief, den sie schon nach Giebichenstein sandte, kaum Notiz von Arnims Liebesklagen.

Ende September war Reichardt endlich reisefähig. Nach einer kurzen Einkehr bei Tieck in Sandow Anfang Oktober ging die Reise nach Giebichenstein weiter. Von dort schrieb Arnim am 7. Oktober an Bettina: *Mein Abschied von Königsberg hat mich sehr verstört, das Eis schien da zu schmelzen; war es Verstocktheit, so muß ich sie hassen, war es Kälte, so darf ich sie nicht lieben* . . . *Am Morgen überbrachte mir der Bediente eine kleine seidene Schreibtasche mit getrockneten Blumen und Haarlocken der ganzen Familie, ich mußte eben in den Wagen steigen. Reichardt fragte mich, ob ich mir ans Auge gestoßen: an beide stößt man sich nicht zugleich, oder der Stoßseufzer kommt von innen.*[139] Obwohl die Trennung von Auguste endgültig war, schmerzte ihn der unglückliche Verlauf der Be-

Königsberg: die alte Universität und der Dom. Aquarell, um 1800

ziehung noch jahrelang. Er fand Augustes Gewalt über ihn selbst unverständlich: *. . . ich habe viele schönere Mädchen gesehen, aber nie diesen unbegreiflichen thörigten Reitz so gewaltsam empfunden.*[140]

Im Februar 1809 verlobte sich Auguste mit Regierungsrat von Wißmann. Die Nachricht erregte Arnim: *Auguste Schwink ist mit dem Kriegsrath Wißmann, jetzigen Präsidenten der Regierung, verlobt,* schreibt er Clemens am 2. März 1809. *Er ist verwachsen und noch ein zehn Jahre älter als ich, sonst eine gute Seele . . . Vielleicht wird er in einen schönen Prinzen verwandelt. Ich wohnte ein paar Monat in seinem Quartiere, vielleicht hat er meine Seufzer eingeathmet . . . Damals machte er sich gar nichts aus dem Mädchen, und sie sich noch weniger aus ihm. Gott macht die Liebe, und der Teufel die Heirathen!*[141] Die Hochzeit fand im Mai statt.

Bald nach Arnims Abreise aus Königsberg im Herbst 1807 wurde seine Bindung zu Bettina etwas enger. Äußerlich zeigt sich dies im Umschwung zum «Du» in der brieflichen Anrede. Im November hatten sie sich bei einem gemeinsamen Besuch in Weimar bei Goethe, dem sich auch Clemens, die Savignys und Reichardt anschlossen, zum erstenmal nach zwei Jahren wieder gesehen. Ohne Reichardt gingen die Freunde noch im November nach Kassel, wo Clemens mit seiner zweiten Frau in unglücklicher Ehe lebte und wo Arnim die Brüder Grimm kennenlernte. Weihnachten verbrachte Arnim noch mit Bettina in Kassel, im Januar reiste er allein nach Heidelberg weiter. Der Briefwechsel zwischen den beiden

Jacob und Wilhelm Grimm. Stich von Ludwig Emil Grimm, 1843

wurde nun sehr rege. Im Februar schrieb Bettina, sie möchte ihn sagen hören «Ich bin Dir gut, mehr wie alle».[142] Arnim erwiderte darauf: *Ob ich Dir gut bin, mehr wie allen? Daß ich Dir gut bin, das ist bald gesagt; wie gut, das ist schon schwerer . . . Nach Norden* [zu Auguste Schwink] *denke ich seltener, es ist mir jetzt beinahe etwas Ueberlebtes, nicht etwa Vergangnes oder Untergegangnes, nur etwas, das bis zu seiner Abendröthe ausgeblüht hat wie eine Passionsblume. Giebt es frische Blüthen in meinem Geiste? Ich frage mich, aber siehe, ich weiß es nicht.*[143] Mit diesen Worten wies er taktvoll Bettinas Ungestüm zurück, die ihm geschrieben hatte: «Du wirst es nicht Einbildungen nennen, wenn ich Dich dann besser und herrlicher finde als alles, wenn ich Dich über alle Maßen lieb habe und Dir es sag.»[144]

Das Jahr 1808 war arbeits- und erfolgreich für Arnim. Neben der Herausgabe der *Wunderhorn*-Bände beschäftigte er sich mit Beiträgen zu den «Heidelbergischen Jahrbüchern», die als Organ von Görres, Creuzer und ihren Freunden fungierten, mit der Herausgabe der *Zeitung für Einsiedler* und der Zusammenstellung der *Wintergarten*-Sammlung. Eine Vielfalt von Anregungen erhielt er im Verkehr mit anderen Mitgliedern der romantischen Schule, die sich zur Zeit in Heidelberg befanden. Brentano kam gegen Ende April, Wilken, Zimmer, Boeckh und andere ergänzten die Gruppe um Görres, Ludwig Emil Grimm nahm im Mai ebenfalls die Einladung nach Heidelberg an. Joseph von Eichendorff beschreibt die damalige Atmosphäre: «Es hauste dort ein einsiedlerischer Zauberer, Himmel und Erde, Vergangenheit und Zukunft mit seinen magischen Kreisen umschreibend – das war G ö r r e s», schreibt er. «Es ist unglaublich, welche Gewalt dieser Mann, damals selbst noch jung und unberühmt, über alle Jugend, die irgend geistig mit ihm in Berührung kam, nach allen Richtungen hin ausübte.» Von «zwei Freunden und Kampfgenossen» des Propheten Görres, das heißt von Arnim und Brentano, berichtet Eichendorff: «Sie bewohnten im ‹Faulpelz›, einer ehrbaren aber obskuren Kneipe am Schlossberg, einen grossen luftigen Saal, dessen sechs Fenster mit der Aussicht über Stadt und Land die herrlichsten Wandgemälde, das herüberfunkelnde Zifferblatt des Kirchturms ihre Stockuhr vorstellte; sonst war wenig von Pracht oder Hausgerät darin zu bemerken.» Die beiden «verhielten sich zu Görres eigentlich wie

Bettina Brentano. Zeichnung von Ludwig Emil Grimm, 1809

*Joseph von Görres,
Gemälde von Settegast*

fahrende Schüler zum Meister, untereinander aber wie ein seltsames Ehepaar, wovon der ruhige mild-ernste Arnim den Mann, der ewig bewegliche Brentano den weiblichen Part machte . . . Achim von Arnim war von hohem Wuchs und so auffallender männlicher Schönheit, dass eine geistreiche Dame einst bei seinem Anblick und Namen in das begeisterte Wortspiel: ‹Ach im Arm ihm› ausbrach . . . Während Arnims Wesen etwas wohltuend Beschwichtigendes hatte, war Brentano durchaus aufregend; jener erschien im vollsten Sinne des Wortes wie ein Dichter, Brentano dagegen selber wie ein Gedicht.» Abends fanden sich die Freunde oft bei Görres ein, wo «häufig ohne Licht und brauchbare Stühle, bis tief in die Nacht hinein» diskutiert und gesungen wurde.[145]

Die *Zeitung für Einsiedler* verdankt ihre Entstehung und ihr Programm vielfach den Anregungen jener Gruppe. Eichendorff schreibt, sie sei «einerseits die Kriegserklärung an das philisterhafte Publikum» gewesen, «dem es feierlich gewidmet und mit dessen wohlgetroffenem Porträt es verziert war; andererseits eine Probe- und Musterkarte der neuen Bestrebungen: Beleuchtung des vergessenen Mittelalters und seiner poetischen Meisterwerke, sowie die ersten Lieder von Uhland, Justinus Kerner u. a. Die merkwürdige Zeitung hat nicht lange gelebt, aber ihren Zweck als Leuchtkugel und Feuersignal vollkommen erfüllt.»[146] Obwohl Arnim und Brentano außer Tieck die einzigen wirklichen produktiven Romantiker waren, schreibt Eichendorff, wurden sie «doch von der Schule niemals als

Joseph von Eichendorff. Zeichnung von Franz Kugler

vollkommen zünftig anerkannt. Sie strebten vielmehr, die Schule, die schon damals in überkünstlichen Formen üppig zu luxurieren anfing, auf die ursprüngliche Reinheit und Einfachheit des Naturlauts zurückzuweisen.»[147] Tatsächlich hatte die Zeitung, wie die meisten Arbeiten Arnims, einen didaktischen Zweck. Ihre erste Nummer vom 1. April 1808 war Goethe gewidmet, indem sie am Schluß den Vers brachte, welchen Goethe ins Arnimsche Stammbuch geschrieben hatte («Consiliis hominum pax non reparatur in orbe»). Arnim sandte das erste Exemplar an Goethe mit der Bitte um Beiträge. Einen Monat später schrieb er wieder an Goethe: *Ich sendete Ihnen, Verehrter, die ersten Blätter meiner Zeitung, was ich erwartete, traf ein, die Leutlein witterten bald, daß ich wirklich entschlossen sey in dieses tägliche Geschwätz andrer Zeitungen nicht einzugreifen, sondern mich nach Möglichkeit hinter alten Büchern dagegen zu verschanzen, mancher bestellte ab und das Morgenblat erhob sich triumphirend mit allerley lügenhaften Deutungen gegen mich.* Arnim erklärt noch, die Zeitung sei *ein Versuch, den ich mit Deutschland mache, und ich wende alle Kräfte an um ihn belehrend zu endigen, ob wohl irgend ein Kunstinteresse vorhanden ist in der Mehrzahl.*[148] Goethe, der sich zwar Bettina gegenüber lobend über die «Einsiedlerzeitung» äußerte, trug selbst nichts dazu bei, weil er in die literarischen Streitigkeiten der Romantiker mit Voß nicht verwickelt werden wollte. Allerdings gelang es Arnim, die besten seiner Zeitgenossen zur Mitarbeit zu veranlassen. Außer ihm, Brentano und Bettina sind unter anderen Jacob und Wilhelm Grimm, Görres, Jean Paul, A. W. und F. Schlegel, Tieck, Hölderlin, Runge, Maler Müller, die Brüder Ringseis, Kerner und Uhland als Autoren zu verzeichnen. Art und Charakter des Inhalts ist demgemäß ein schillerndes Gemisch von Liedern, Gedichten, Rezensionen und von literarischem und gschichtlichem bis zum Sagen- und Mythenmaterial.

Die Zeitung erschien regelmäßig bis zum 30. August und stellte danach die Publikation ein. Noch im gleichen Jahr erschien sie jedoch in Buchform unter dem Titel *Trösteinsamkeit*. Für Arnim war das Mißlingen dieses Unternehmens bitter. Ein Brief an Goethe vom 29. September 1808 zeigt seinen Unmut über die boshaften Kritiker: *Die guten Leser in der Welt sind immer die, welche nichts kaufen*, schreibt er.[149]

Inzwischen hatte Arnim Bettina wieder gesehen: Mitte März war er auf drei Tage nach Frankfurt gereist, um auf Savignys Bitte in den Eheangelegenheiten Brentanos hilfreich einzugreifen. Da sich das Ehepaar aber schon versöhnt hatte, als er ankam, reiste Arnim bald wieder ab. Diesem kurzen Wiedersehen mit Bettina in Frankfurt folgten Ende Mai einige Wochen des Zusammenseins in Winkel am Rhein. Bettina war auch die Novellensammlung *Der Wintergarten* gewidmet, mit deren Zusammenstellung sich Arnim 1808 beschäftigte. Durch eine Rahmenerzählung lose verbunden, reihen sich die verschiedensten Stücke eigenen und abgewandelten Materials zu einem geschlossenen Ganzen zusammen. Formal folgt die Sammlung dem Vorbild von Boccaccios «Decamerone», in dem eine fiktive Florentiner Gesellschaft sich die Zeit durch Erzählen unterhaltender Geschichten verkürzt. Vielleicht die bekannteste der Novellen ist *Mistris Lee* (5. Winterabend), die auf Arnims Erlebnisse in London zurückgeht, wie er in einem Brief an Brentano vom 19. August 1809 erklärt: *Die Mistris Lee, die Euch gefällt, ist durch einen Proceß veranlaßt, den ich in England klagen hörte, er wurde mir dort Veranlassung zu einem Schauspiel, das ich nur halb beendigte und nachher aufgab; in der wahren Geschichte wurden die beiden Gordons frei gesprochen, sie erschien ganz als eine liederliche Vettel, die Aufsehen zu machen suchte, und wurde in Oxford vom Pöbel beinahe gesteinigt, sie hatte dem Laudon immer Eierwein eingenötigt, um ihn zu außerordentlichen Kraftäußerungen zu veranlassen.*[150] Diese Antwort war zum Teil deswegen an Brentano abgegangen, weil dieser in der Mistris Lee seine Gattin Auguste gezeichnet sah. «In der Mistris Lee wollen alle Menschen die Auguste, im Laudon und dem Bruder mich und Christian erkennen», hatte Brentano im Juli geschrieben.[151] Es wäre aber ganz gegen Arnims Art gewesen, seine Freunde in derart intimer Weise vor das Publikum zu bringen.

Den Spekulationen war aber nicht Einhalt zu gebieten, die das Fiktive mit Ereignissen aus Arnims Leben verknüpft sahen. Clemens schrieb an Bettina, Arnim habe in den Romanzen die Grassini als Medusa dargestellt. Arnim dagegen schrieb Bettina, daß Clemens Unrecht habe, wenn er *in der ersten Hälfte mein Verhältniß zur Grassini dargestellt glaubt,*

während gar nichts daraus genommen als die Aufführung der Oper Proser-
pina, und daß ich ihr dazu Blumen geschickt[152]. Von der Leserschaft
wurde das Buch sehr positiv aufgenommen. Die Kritik, allerdings, ging
nicht immer glimpflich mit der Sammlung um. Neben Goethes Lob ist die
Meinung von Görres zu verzeichnen, der am 1. September 1809 an Arnim
schrieb: «In Ihrer Schrift hat mir das Erste ganz unendlich wohl gefallen . . . Die Zigeunergeschichte in den Simplicissimus eingelegt hat mich
auch ergötzt. In dem Fragmente von Schelmufsky habe ich durchaus
nichts Störendes, aus dem Geiste des Ganzen Herausfallendes bemerkt,
nur das Hundegebelle am Anfange hat etwas gewürgt . . .»[153]

Görres war allerdings einer der wenigen, die an Arnims literarischem
Vorgehen keinen Anstoß nahmen, mit dem er schon bekanntes Material
eigenwillig abwandelte. Es gehört diese Taktik der Neuschöpfung durch
Umarbeitung und Umgestaltung älterer literarischer Produkte zu den
grundsätzlichen Charakteristika des Arnimschen Schaffensprozesses.
Das Verständnis dafür blieb bei den Kritikern vielfach aus. Der Grund
dafür mag darin liegen, daß Arnim im Leser eine Kenntnis der älteren
und zeitgenössischen Literatur voraussetzte, die vielen mangelte, die
aber nötig ist, um die Kunstfertigkeit zu erkennen, mit der Arnim das
Alte mit dem Neugeschaffenen verbindet. Daneben erhoben sich die
Stimmen derjenigen, die zwar die nötige literarische Vorkenntnis mit-
brachten, um Arnims Werk zu würdigen, die aber in seinem Vorgehen
eine philologische Sünde zu sehen glaubten. Zu den letzteren gehörte vor
allem Jacob Grimm. Trotz des Lobes, das er Savigny gegenüber äußert,
läßt sich auch schon ein leiser Tadel wegen der Änderung literarischen
Gutes bemerken: «. . . im Wintergarten ist außerordentlich schätzbar, ja
einzig, die herzlichen und wahren Bekenntnisse, die A. von seiner eigenen Lebensgeschichte tut, obgleich versteckt und zerstreut», schreibt er
am 30. Januar 1810 an Savigny; «unter s. Gedichten ist mir leicht das über
Jac. Böhme am liebsten, das Übrige, das Einrichten und Beschneiden für
das Buch u. die Zeit, wäre mir unmöglich gewesen, eben der Achtung für
diese Sachen wegen! wie wenig ist hier der Schelmufsky geworden»[154].

Arnim selbst schrieb am 18. Juni 1809 an Goethe: *Das beygefügte Buch*
(dessen erste Erzählung Sie mit Ihrer Billigung in Weimar ehrten) ist in dem
Werdenberg, Schaffgotsch, Stuart, Clisson eine Probe, was ich darunter
verstehe; ich habe das Ganze zur Unterhaltung der vielen über die jezige
Zeit verdrieslichen Leute geschrieben, was ich bey dieser Absicht verfehlt
wird Ihr edles Wohlwollen entschuldigen, Mannigfaltigkeit des Tons war
mir Absicht, eben so manches, ohne es zu nennen, aus der umgebenden
Welt zu berühren.[155] Neben dem *Wunderhorn* wurde der *Wintergarten* die
bekannteste frühe Arbeit Arnims.

Die Vielfalt seiner literarischen Beschäftigungen in Heidelberg im
Jahre 1808, die Zusammenarbeit mit Gleichgesinnten der romantischen
Schule und die Gegenwart der Freunde Clemens und Bettina Brentano
hatten Arnim geholfen, die Königsberger Episode in ein weniger
schmerzhaftes Licht zu rücken. Außerdem traten praktische Probleme
des Lebensunterhalts wieder in den Vordergrund. Anfang April 1808
erhielt Arnim die Nachricht, daß Frau von Labes einen Schlaganfall
erlitten hatte, von dem sie sich nur langsam erholte. Es war ihr nicht mehr

Bettina Brentano, mit Arnims «Wintergarten» im Arm.
Radierung von Ludwig Emil Grimm, 1809

möglich, die Güter allein zu bewirtschaften, und sie drängte auf die Rückkehr des Enkels. Am 18. Oktober 1808 schrieb sie ihm nach Heidelberg: «Lieber Louis, Endlich mahl wieder Nachricht von Dir vom 19tn 7tbr das du noch lebest und gesund bist; dieses ist auch das eintzige interessante im gantzen briefe, die unangenehme Geldnoth ausgenommen, die mich so wie dich betrifft.» Indem sie auch Arnims Bruder Karl einbezieht, schreibt sie weiter: «Ihr erwerbet nichts, lebet mit Kosten, statt obgl ihr wohl feil in euren Eigenthum leben köntet; warum wohnet ihr nicht wenigstens auf euren Güthern? lernet darauf die landwirthschafft, um nach etlichen Jahren Euch selbst, wie andere Edelleuthe, damit beschäfftigen zu können.»[156] Da Frau von Labes gleichzeitig weitere finanzielle Unterstützung verweigerte, um ihren Ermahnungen Nachdruck zu geben, wurde es für Arnim notwendig, zu einem Entschluß über seine weitere Lebensplanung zu kommen. Erziehung, Neigung und bisherige praktische Tätigkeit ließen wenig Möglichkeiten offen für ihn außer der schriftstellerischen Betätigung und der Pflege seiner Güter. Auch bestand wenig Grund für ihn, weiterhin in Heidelberg zu bleiben. Brentano war schon gegen Ende Juni abgereist, Bettina folgte ihrem

Bruder im September. Am 22. Oktober 1808 berichtet er Clemens über *die ungewisse Dauer meines Hierseins.* Die frohen Tage waren mit dem Sommer geschwunden: *Es weht an allen Wänden feucht in mein Zimmer hinein, morgens lieg ich wie im Nebel. Davon hatte ich einen Husten bekommen, den ich für die Schwindsucht hielt, ist aber wieder weggegangen, und meine Natur gewöhnt sich auch hieran . . . Zwei Recensionen für die Heidelberger Jahrbücher sind indessen angefertigt, von Ernst Wagners sämmtlichen Werken und von Jungs Geisterkunde, die ein herrliches tiefsinniges und dabei so menschliches Buch ist wie eine griechische Mythologie.*[157] Die Rezension *Ueber Jung's Geisterkunde* erschien erst 1817 in Gubitz' «Gesellschafter».

Trotz seiner schon beträchtlichen Erfolge als Schriftsteller wurde ihm die Anerkennung der Zeitgenossen nur langsam zuteil. Clemens' Bemerkung gegen Ende Oktober 1808, Tieck habe die «wunderbare Ähnlichkeit mit Winkelmann, Dich nicht für einen Dichter zu halten . . . übrigens noch nicht abgelegt»[158] und halte nur sich und Novalis für Poeten, ärgerte Arnim um so mehr, als er vor der beruflichen Entscheidung stand. Am 4. November antwortete er Clemens noch aus Heidelberg: *Recht wunderlich war es, als ich zurückkam und erhielt Deinen Brief und fand noch immer den alten Jenenser Tieckioschlegel in der Beurtheilung meines Wesens. Was die Leute sich für Sorgen machen, was andre sind und werden könnten! Ich habe gar keine Idee, wie man eigentlich zu einem Gespräche kommen kann, ob ein andrer ein Dichter ist . . . Ich fühle, daß ich einiges der Art in meiner Seele getragen; aber mannigfaltiges Unglück, Zerstreuung, Leichtsinn haben mich vielleicht entheiligt, vielleicht wird es hin und wieder durchscheinen, es wird nicht untergehen im ewig liebevollen Herzen, das durch alle Welt schlägt.*[159]

Der Abschied von Heidelberg wurde ihm schwer: *Ich . . . sitze auf meinen Kasten und Koffern herum, als ob ich darein wurzeln möchte. Aller Ingrimm ist vorüber, und jetzt möchte ich hier bleiben*[160], schreibt er noch kurz vor der Abreise an Clemens. Es war aber schon Mitte November, und Arnim begann die Rückkehr nach Berlin. Zwischen Frankfurt und Gießen erlitt er einen Reiseunfall, der ihm eine Knieverletzung zufügte und ihn zwang, einige Zeit in Kassel bei den Brüdern Grimm zuzubringen. Er wurde freundlich aufgenommen. Auf der Weiterreise besuchte er Goethe in Weimar. Schließlich erreichte er Berlin zu Neujahr 1809.

Einen Tag bevor Arnim Goethe verließ, traf auch Wilhelm von Humboldt in Weimar ein. Humboldt war auf der Heimreise nach Berlin, nachdem er von Rom abberufen worden war. Arnim sah Humboldt in Berlin kurz nach Neujahr wieder. In seiner damaligen Situation, in seinen Zweifeln über seine dichterische Berufung und vor die Notwendigkeit gestellt, eine endgültige Berufswahl zu treffen, bewarb er sich um eine Stellung im Staatsdienst. Am 10. März 1809 schrieb er Bettina: *. . . denk Dir, daß Humboldt mir zur ersten Bedingung machte, als ich mich um Anstellung bewarb, daß ich die verfluchten Gesellschaften besuchen sollte, um den Leuten einen andern Begriff von mir zu geben, die mich für einen Wilden halten, der mit Gott und Welt trotzt, da ich doch eigentlich den Hauptfehler habe, daß ich zu weich bin. Und was wird diese Anstellung sein? Nutzlose Mühe, wenn ich noch dazu komme!*[161] Glücklicherweise kam er nicht dazu, denn Humboldt hatte bereits anders beschlossen. In seinem Brief an Caroline vom 28. Februar 1809 schrieb er über die verschiedenen Kandidaten, die als Nachfolger für seine Stellung in Rom in Betracht kamen: «Auch an den Achim v. Arnim, den Wunderhornmann, der wirklich in Dienst gehen will, habe ich gedacht. Allein er hat so grobe Streitigkeiten mit Voß und Jacobi, und geht in solcher Pelzmütze und mit solchem Backenbart herum, und ist so verrufen, daß nicht daran zu denken ist.»[162]

Eine Karriere im Staatsdienst blieb Arnim also versagt. Auch in persönlicher Hinsicht waren die Jahre 1809 bis 1811 für ihn eine Krisen- und Übergangszeit ähnlich jener, die er schon einmal nach Abschluß des

Achim von Arnim. Gemälde von Franz Anton Zeller

Studiums erlebt hatte. Die Krankheit seiner Großmutter forderte seine Anwesenheit in Berlin. Trotzdem nahm er sein Quartier nicht bei ihr, sondern bei dem ehemaligen Schulfreund Pistor in der Maurerstraße 34, wo ihm auch im September 1809 Brentano einen längeren Besuch abstattete. Ein Brief an Bettina, etliche Monate nach dem Tod der Großmutter geschrieben, gibt einige Einsicht, warum er dem großmütterlichen Haus fern blieb: *Ich hätte Dich in das Haus meiner Großmutter geführt*, meint er, *das ewig voll Qual, Streit und Unruhe kaum mir, der ich seit meiner Jugend daran gewöhnt, eine Stunde erträglich war; hättest Du Dich nur einmal in der Art, wie Du es häufig thust, über den Tisch ausgestreckt, sie hätte es Dir nie vergessen oder verziehen.*[163] Arnim unterließ es auch, Bettina Frau von Labes formell vorzustellen, weil er ihre Mißbilligung Bettinas voraussah, und seine Verlobung mit Brentanos Schwester erfolgte erst nach dem Tod der Großmutter.

Die finanziellen Probleme hatten sich für Arnim mit seiner Rückkehr nach Berlin nicht geändert. Frau von Labes hatte zwar 1805 ein den Brüdern und ihrem Sohn günstiges Testament gemacht, bestand aber auf dem alleinigen Besitz und der Verwaltung ihrer Güter bis zu ihrem Tod. Für Arnim gab es daher keine praktische Möglichkeit einer selbständigen

Bettinas Wohnhaus in Berlin, Unter den Linden. Steindruck, um 1820

Tätigkeit auf den Besitztümern, und infolgedessen hatte er in seinen Jugendjahren kein Interesse an ihrer Bewirtschaftung. Gleichzeitig beschränkte Frau von Labes die finanzielle Unterstützung der Brüder immer mehr, um sie dadurch zu zwingen, einen ihres Erachtens standesgemäßen Beruf zu ergreifen. Auch nach ihrem Tod wußte sie den Weg ihres Enkels zu lenken, der von ihr sagte: *Meine Großmutter . . . hat mir viel Gutes gethan, und ich ehre dankbar ihr Andenken; unsre Gesinnungen hatten in dieser Welt keine eigentliche Berührung.*[164] Nach ihrem Tode zeigte sich bei Eröffnung des Testaments, daß sie *durch eine Fideicommißeinrichtung, die sich erst zum Besten meiner Kinder auflöst,* wie Arnim schreibt, *mich und meinen Bruder und Onkel beschränkt* hatte. Deshalb, schreibt er weiter an Bettina, *war mein Entschluß nach der Eröffnung des Testamentes bald gefaßt, das Meinige zu thun, um rechtmäßige Kinder zu haben*[165].

Es bedurfte dieses praktischen Anstoßes, um Arnims Werbung um Bettina ernsthaft zu fördern. Obwohl inzwischen eine innige persönliche und briefliche Bindung eingetreten war, trugen sich weder Arnim noch Bettina bis Mitte 1810 mit ernsthaften Heiratsgedanken. Der erste Vorschlag einer engeren Bindung kommt von Arnim in einem Brief an Bettina kurz nach dem 21. August 1809: *Paßte ich in irgend eine bürgerliche Ordnung und könnte eine Frau ernähren, so könnten wir uns wie andre ehrliche Leute dreimal aufbieten lassen, Gäste laden, kochen und backen und heirathen. Ungeachtet wir einander noch nie vom Heirathen vorerzählt, womit andere sonst anfangen, so meine ich doch, daß Dir so wenig wie mir der Gedanke sehr fremdartig ist, wenn ich es gleich mit großer Verwunderung vor mir geschrieben sehe . . . Ich habe neulich in der Bibel alle Stellen nachgelesen, die vom Heirathen handeln, es ist alles im wunderlichsten Widerspruche; bald wird es gerathen, bald abgerathen, ich meine, daß da den Menschen viel zur Ergänzung überlassen . . . Novizen müssen erst ein ganzes Probejahr probiren, ehe sie mit einem so guten Manne wie Christus verlobt werden. Da meine ich nun, es wäre eine durchaus zweckmäßige Einrichtung, wenn die Menschen einander erst zur Probe heiratheten, wie sie sich mit einander vertrügen, z. B. auf vier, acht, sechzehn Wochen; weise den Vorschlag nicht so von der Hand, in bessern Zeiten könnten wir einmal ernstlich daran denken. Wer weiß, wenn Du mich jetzt wiedersähest, ob Du mich noch leiden könntest; vielleicht hab ich mich sehr verändert.*[166]

Bettina war zur Zeit außer ihrer wohlbekannten emotionellen Bindung an Goethe von Max Prokop von Freiberg-Eisenberg sehr beeindruckt, den sie im Savignyschen Haus in Landshut kennengelernt hatte. In einem Brief an Goethe vom 13. Juli 1810 charakterisiert sie ihn folgendermaßen: «Freiherr von Freiberg, der bedeutendste unter allen: 20 Jahre alt, eine Gestalt als ob er 30 Jahre hätte, groß und stark, ein Gesicht wie eine römische Gemme, die Liebe und das Wohlwollen leuchtet aus allen Bewegungen.»[167] Arnim gegenüber sprach sie nicht von Freiberg, wohl aber wußte Clemens von ihrem Interesse an ihm. Übrigens glaubte selbst Clemens noch Mitte 1810 nicht an eine Heirat Arnims mit Bettina, wie aus einem mehrere Jahre später entstandenen Rechtfertigungsbrief Clemens' an Arnim ersichtlich ist. Indem er sich auf die Zeit um Mitte 1810

Bettina Brentano. Zeichnung von Ludwig Emil Grimm

bezieht, schreibt er an Arnim: «Daß ich Dir von Freiberg und ihr sprach, habe ich damals von ganzer Seele getan, wenn es mich gleich viele Mühe gekostet. Ich wußte damals nicht, daß Du sie heiraten wolltest, Du hattest Dich nie darüber erklärt. Sie selbst hatte mir einmal auf ihre Art erklärt, Dich zu heiraten habe sie nie gedacht . . . und ich glaubte Gott weiß warum . . . sie werde den Freiberg heiraten. – Anfangs glaubte ich, Du wüstest davon, da Du mir aber äußertest, daß Du gar nichts davon wüstest, so sagte ich Dir meine Meinung, weil ich Dich mehr liebe als Bettinen.» Dann fährt er aber fort: «Ich fuhr mit Bettinen in einer Kutsche; ihr hattet noch nie erklärt, daß ihr euch wolltet, mir schien das

Verhältnis drückend, indem Du als ein Fleisch und Bein mit ihr lebtest. Ich fragte sie, ob sie Dich nicht bald heiraten würde, sie äußerte sich auf ihre Art, da denke sie gar nicht eigentlich dran. So sagte ich ihr, müsse sie auch nicht so handgreiflich zärtlich mit Dir sein.»[168]

Inzwischen war Frau von Labes am 10. März 1810 gestorben. Arnim, neunundzwanzigjährig, fand es an der Zeit, rechtmäßige Kinder zu haben. Am 10. Juli 1810 schrieb er Bettina nach Bukowan und erwähnt dabei auch die Königsberger Affäre: *Ich habe es Dir nie gesagt, und doch ist es wahr. Ich fand Dich nachher wieder, leugne es jetzt, Du kannst mir doch nur damit beweisen, daß viel in Dir untergegangen; In Cassel, in Winkel, in Schlangenbad schenktest Du mir so ausschließliche Zärtlichkeit, daß mein Gewissen erwachte, ob ich mit getheiltem Herzen zwischen Königsberg und Dir Dich nicht betröge. Die Einsamkeit führte mich oft in ihr ernstes Nachdenken, die Verhältnisse des äußeren Lebens zogen sich mir, der zum Erwerb so wenig angeleitet, wie Du zur Wirthschaftlichkeit, immer enger zusammen.* In Bukowan, meint er, habe ihm Bettina erklärt, sie wolle sich *hingeben zu großen Zwecken der Zeit, an Musik.* Dagegen argumentiert er: . . . *nie möchte ich irgend einen Menschen der Welt, wie viel weniger Dich, die mir seit Jahren näher liegt als irgend ein Mensch, an die ich lange geglaubt, daß es die Einzige, die je mit eigentlicher dauernder Neigung mir zugethan, und der ich mich in Handlungen, wenngleich nicht in Gedanken immer, treu erhalten habe – wie möchte ich Dich Deinem besseren Dasein entreißen, um mir eine Güte zu thun und menschlich zu leben wie andre!*[169] Bettina entgegnete, indem sie einzelne Begebenheiten aus ihren Jahren der Freundschaft aufzählt: «Wie will nun einer kommen und sagen, daß dies alles nichts sei, daß ich Dich nicht lieber habe wie anderes mehr, daß Du mir nichts seist. Was weiß er von mir? was weiß ich selber von mir und der Liebe? als nur, daß ich eines festen Willens bin, gut zu sein und gutes zu thun, und Dir vor allen andern!»[170] Darauf schrieb ihr Arnim am 29. Juli 1810: *Ich meine, wir heirathen uns, wann und wo es sei, nur bald. An Mobilien brauchst Du so nicht viel, wenn Du ein Fortepiano hast, ich hab mein Schreibpult.*[171] Die Verlobung erfolgte am 4. Dezember 1810, die Heirat am 11. März 1811, genau einen Tag nach dem obligaten Trauerjahr um Frau von Labes.

Von der «Gräfin Dolores» zu den «Kronenwächtern»

Kurz nach der Abreise von Königsberg hatte Arnim einmal geschrieben: *Beschäftigung und Ermüdung ist mir nach viel bewährter Erfahrung das einzige, sichere Mittel gegen Gram.*[172] Die Übergangsjahre 1809 bis 1811 bilden ein weiteres Zeugnis dieser Arnimschen Philosophie. In diesen Jahren entstanden sein erstes bedeutendes Drama *Halle und Jerusalem*, einzelne Arbeiten zu der Novellensammlung von 1812 und vor allem sein wichtiger Roman *Armut, Reichtum, Schuld und Buße der Gräfin Dolores*.

Die Thematik des Romans kreist um Liebes- und Eheprobleme, die durch die vielen eingeschobenen Episoden in variierter Form bespiegelt werden. Dolores, die in Wesen und Auftreten Züge von Bettina trägt, ist ein Erziehungsprodukt der neuen Epoche. Sie fällt dem gewissenlosen Verführer zum Opfer, bereut aber ihren Fehltritt und erfährt eine Wandlung zur demütigen, liebevollen Gattin und Mutter von zwölf Kindern. Ihr Gemahl, Graf Karl, vertritt die sittenstrenge und in gewisser Hinsicht naive Anschauung einer vergangenen Epoche. Die Heirat der beiden, die aus der Verbindung solch ungleicher Elemente notwendig erwachsende Problematik, und schließlich die harmonische Lösung der Konflikte drückt in ihrer Figuration einen Ansatz zu jener Geschichtssymbolik aus, die für das Verständnis vieler Werke in der nun folgenden Schaffensperiode Arnims von grundlegender Bedeutung ist. Es geht um die harmonische Gestaltung der Zukunft durch Kenntnis der Vergangenheit und Verständnis für die Gegenwart. Wieder ist die Hauptintention Arnims also belehrender Natur.

Viele der in die Haupthandlung eingeschobenen Erzählungen gehen im Konzept auf Arbeiten zurück, die bis in die Anfangszeit von Arnims dichterischer Laufbahn reichen. Selbst aus dem Erstlingsroman *Hollin* ist ein kurzes, etwas abgewandeltes Stück in die *Gräfin Dolores* aufgenommen worden. Ein eigentliches Entstehungsdatum des Romans kann also nicht angegeben werden. Die Endfassung entstand indessen in der unglaublich kurzen Zeit zwischen Dezember 1809 und Ende Januar 1810. Der Roman erschien zur Ostermesse 1810 im Druck.

Parallel zur Problematik des Eheromans wird der Verfall der sittlichen und moralischen Basis im Stadt- wie im Landleben behandelt. Es ist ein Thema, das Arnim um diese Zeit besonders stark beschäftigte. Die Verbreitung von Geschlechtskrankheiten sah er als Symptom einer Zeit, die nach schneller Befriedigung aller Wünsche strebte und in dieser Zügellosigkeit ihre Kraft untergrub und ihren Untergang beschleunigte. In der *Gräfin Dolores* meint Graf Karl, der als idealisierte Figur des

Halle
und
Jerusalem.

Studentenspiel und Pilgerabentheuer
von
Ludwig Achim von Arnim.

Ahasverus.

Heidelberg 1811, bei Mohr und Zimmer.

Dichters selbst gesehen werden kann: *Ich versichere Ihnen, es gab eine Zeit, wo ich öffentliche Mädchen gar nicht für Menschen gehalten habe, sondern für eine Art Wundertiere mit ihren geschminkten Wangen, für eine Art schändlicher Götzen aus dem alten Heidentume, denen Menschen geopfert würden. Erst auf der Universität lernte ich an einem Mädchen, das mir gegenüber wohnte, wie alles so gewöhnlich menschlich, mehr nachlässig als böse, zugehe.*[173] Hier wird eine Abwendung von sittenstrenger Härte zu menschlichem Verständnis sichtbar. Noch weiter geht Arnim in einem erst kürzlich veröffentlichten Aufsatz, der wahrscheinlich für die «Berliner Abendblätter» bestimmt war. Besprochen wird die Eindämmung jener *pestartige[n] Krankheit von der wunderbarsten Vielgestaltigkeit aus der freyen Vermischung der Geschlechter entstanden.* Bezeichnend für Arnims Einblick in derartige gesellschaftliche Übel ist die Tatsache, daß er die Sache nicht mit der Verdammnis leichtfertiger Mädchen abtut, sondern ihre Wurzel in der Geldgier des braven Bürgers findet: *Das Gerücht verbreitete sich,* schreibt Arnim, *daß die öffentlichen Mädchen aus dem Studenten besonders bezeichneten Theil der Stadt fortgeschafft werden sollten, jezt stand der Eigennutz auf, die Gewohnheit erhob ihre Stimme dagegen.* Seine Anprangerung der Berliner Zustände war es wohl, die den Zensor veranlaßten, dem Aufsatz das Imprimatur zu verweigern.[174]

Die einzelnen Lebensbilder, die in die Haupthandlung des Romans eingeflochten sind, beleuchten von den verschiedensten Perspektiven das gesellschaftliche und eheliche Zusammenleben der Geschlechter. Dabei hat Arnim viele Figuren dem wirklichen Erlebnis nachgezeichnet. An Wilhelm Grimm schreibt er am 28. Mai 1810: *In dem beigefügten Romane . . . wirst Du des alten Voß, Baggesens, der Arnica Montana Erwähnung finden. Bei Waller mußt Du an Baggesen denken, bei jener an den Klingdingalmanach; es ist ein Nebenspaß sowie ein paar andre bekannte Namen, die Dir in Italien begegnen werden.*[175] Die Berechtigung zu diesem Verfahren verteidigt er in der *Dolores* mit den Worten: *Was ist uns denn in einer Geschichte wichtig, doch wohl nicht, wie sie auf einer wunderlichen Bahn Menschen aus der Wiege ins Grab zieht, nein die ewige Berührung in allem, wodurch jede Begebenheit zu unserer eigenen wird, in uns fortlebt, ein ewiges Zeugnis, daß alles Leben aus Einem stamme und zu Einem wiederkehre.*[176] Die notwendige Abwandlung des Historischen aber, mit der die Figuren erst zu fiktiven Charakteren werden, rechtfertigt Arnim folgendermaßen: *Das Menschliche . . . wodurch wir einander kennen und verstehen, ist in jeder Brust, das Historische wissen nur wenige.*[177]

Gerade bei der geschichtlichen Kontamination in seinen Werken aber fand Arnim die meisten Kritiker unter seinen Freunden. Jacob Grimm nennt in seinem Brief an Arnim vom 24. September 1810 die Geschichte «unwahr», bekennt, daß er «die zwei Hauptpersonen, die Dolores und noch weniger den Graf, nicht gern habe» und meint: «Aber das ganze Buch, wenn es z. B. ein Mädchen wäre, möchte ich nicht heirathen, weil ich daran nicht glauben könnte.»[178] Auf diese Kritik des Freundes antwortete Arnim im Oktober: *Dein Urtheil über meine Dolores ist mir niederschlagender gewesen, als Du vielleicht geglaubt . . . diesem Buche, das ich seit Jahren als einen Liebling in mir gehegt, und in Wehmuth und Scherz mit aller ernsten Erfahrung der Zeit ausgestattet, zwar flüchtig aufgeschrieben, aber nicht flüchtig gedacht, ans Licht treten ließ . . . diesem allen sprichst Du Wahrheit ab. Mag die Wahrscheinlichkeit in manchem Nebenumstande verletzt sein, Du weißt meine Untugend, daß ich damit gern spiele, die Wahrheit des Ganzen kann ich nicht aufgeben, Gottes Hand in dem Zufälligen und die Rettung eines Menschenlebens aus der Sünde in der Dolores zu zeigen.*[179]

Vor allem aber wurde die Kritik an der *Dolores* durch die Ähnlichkeit des Themas mit Goethes im Oktober 1809 erschienenen «Wahlverwandt-

Friedrich Karl von Savigny. Zeichnung von Franz Krüger

schaften» gespeist. Im Gegensatz zu Goethes Roman ist die *Dolores* aber in Form, Motivierung und Figuration ein typisch romantisches Werk, und der Roman wurde von Arnim als Gegenstück zu Goethes Werk und nicht als Nachahmung konzipiert. Absicht ist die für romantisches Schaffen so kennzeichnende Vermischung der Gattungen, das heißt die Aufnahme von Novellen-, Gedicht- und dramatischem Material in die Rahmenhandlung des Romans. Absicht ist auch das stark Didaktische des Romans sowie Arnims Distanzierung von jeder Schwarz-Weiß-Zeichnung der Charaktere. Seine Dolores, sein Karl besitzen positive und negative Eigenschaften, aus denen heraus sich erst das Menschliche ihres Schicksals entwickeln läßt. Gerade an diesem Punkte setzt Jacob Grimms Kritik ein. In seinem Brief an Arnim vom 27. Oktober 1810 vergleicht er die *Dolores* mit den «Wahlverwandtschaften». Arnim antwortet darauf am 2. November, indem er auf die Verschiedenheit ihrer Ansichten über das Goethesche Werk zurückkommt: *Alles Darstellende und Beschreibende darin* [den «Wahlverwandtschaften»] *hat dieselbe wunderbare Wahrheit und Vollendung wie das Betrachtende, nur die Menschen weiß ich mir nicht*

83

zu gestalten, den Architekten ausgenommen, weil ich ihn gesehen habe. Zu diesen Verschiedenheiten rechne ich den Vorwurf, den Du meinem Grafen machst, daß er sich zu passiv verhalte; woher stammen denn alle Fehler Jupiters als daher?[180]

Mit dem Thema Erotik, Liebe und Ehe befaßt sich auch Arnims Doppeldrama *Halle und Jerusalem*, welches ebenfalls in diesen Krisenjahren seines Lebens entstand. Wie dies schon bei der *Dolores* der Fall war, reichen auch hier die Anfänge der Konzeption bis in die ersten Schaffensjahre zurück. Schon während seines Besuchs bei Tieck im November 1804 kam eine Adaption von Gryphius' «Cardenio und Celinde» zur Sprache. 1805 erwähnt Sophie Mereau in der Vorrede zu ihrer «Bunten Reihe» Arnims Absicht, Gryphius zu bearbeiten, und 1808 erschien in den «Heidelbergischen Jahrbüchern» Arnims Ankündigung einer Auswahl dramatischer Werke von Gryphius, die den ersten Band der «Alten deutschen Bühne» darstellen sollten. *Bei Gryphius ist es unser Grundsatz, so wenig wie möglich zu ändern und was wir ändern ist uns nach vielfachem Vorlesen als nothwendig erschienen*, schreibt er dort.[181] Das Drama entstand dann zur gleichen Zeit wie die *Dolores*, ging im Herbst 1810 in Druck und erschien 1811. Am 13. November 1809 schreibt Wilhelm Grimm an seinen Bruder Jacob: «Arnim arbeitet täglich und ich muß immermehr diesen herrlichen Geist schätzen und ehren. In Zeit von vier Wochen hat er ein Trauerspiel fertig gemacht, nach des Gryphius seinem Cardenio, doch wenig beibehalten, voll unendlicher Schönheit . . . Das seltsame Zusammenverbinden kann er freilich nicht lassen und hat einen letzten Act daran gehängt voll wunderlicher Abenteuer.»[182]

Mit dem «letzten Act» ist der zweite Teil (*Jerusalem*) des Doppeldramas gemeint. War der erste Teil, entgegen Arnims anfänglicher Intention, eine stark abgewandelte Bearbeitung von «Cardenio und Celinde», so ist der zweite Teil durchaus Arnims Eigenwerk. Er erhält seine Berechtigung durch die Form: Aus der konkreten Handlung in *Halle* werden die Vorgänge in *Jerusalem* ins Mythische transponiert und entrealisiert. Bindeglied zwischen beiden Teilen ist die sagenhafte Figur des Ahasverus, des weisen Führers von Cardenio und Celinde, der ein Teil sowohl des realen wie des mythischen Bereichs ist und durchaus positiv, wenngleich menschlich schwach gezeichnet wird.

Im Grunde genommen hat Arnim in der zweiteiligen Bearbeitung von «Cardenio und Celinde» dasselbe getan, was Goethe in den zwei Teilen seines «Faust» mit der Faustsage unternahm. Es ist ein Erweitern und Modernisieren von übernommenem literarischem Material, das im zweiten Teil auf die mythische Stufe erhoben wird. Zur Zeit der Entstehung von Arnims Drama war diese Art romantischer Modernisierung der Tragödie aber noch relativ neu und daher vielen unverständlich. Arnim selbst fühlte sich genötigt, eine Erklärung für seine Abwandlung des Gryphiusschen Dramas zu geben: *. . . ihr kennt und achtet wie ich jenen ehrwürdigen deutschen Schauspieldichter, das letztere Stück [Jerusalem] betrachtet wie die Abend Phantasie nach einem Stücke, das uns ergriffen und uns gegen die Welt verschlossen hat, wir leben gegen den Willen des Dichters der sein Stück schließen sollte mit denen fort die das Stück übrig*

Andreas Gryphius.
Kupferstich
von Ph. Kilian

gelassen, welches Kunstwerk kann aber ganz geschlossen werden ehe vor dem Untergange der Welt geschlossen seyn.[183]

Das Jahr 1811 wurde auch in persönlicher Hinsicht für den nun dreißigjährigen Arnim bedeutungsvoll. In einem kurz nach Weihnachten 1810 an die Brüder Grimm gesandten Brief erwähnt Arnim die bevorstehende Gründung der Christlich-Deutschen Tischgesellschaft: *Ich bin damit beschäftigt, eine deutsche Freßgesellschaft zum 18. Januar, welches der Krönungstag unsrer Monarchie ist, zu errichten, Ihr sollt Ehrenmitglieder werden, insofern sich Dein Appetit, Wilhelm, noch erhält; sie hat große Zwecke, Adam Müller ist Mitunternehmer, ich bin Gesetzgeber. Das weiseste der Gesetze bestimmt, daß jeder lederne Philister ausgeschlossen.*[184] Sie bestimmten auch, daß jedes künftige Mitglied «ein Mann von Ehre und guten Sitten und in christlicher Religion geboren sei», daß Gesang willkommen, Frauen aber «nicht zugelassen werden» könnten, und daß die Zusammenkünfte alle vierzehn Tage stattfinden sollten.[185] Die Mitgliederschaft bestand aus einer illustren Gesellschaft aus den vornehmsten Kreisen Berlins. Neben Arnims engsten Freunden, wie Brentano, Pistor, Reichardt und anderen, gehörte der Tischgesellschaft auch Prinz Radziwill an, dem Arnim die *Dolores* zugeeignet hatte und zu dessen engerem Gesellschaftskreis er gehörte; Kleist, mit dem er an den «Berliner Abendblättern» arbeitete; Prinz Lichnowski; Adam Müller; der spätere Kultusminister Eichhorn; Grapengießer und Fichte, Professoren an der eben gegründeten Universität; Auguste Schwinks Vater und ihr Gatte, Regierungsrat Wißmann; Savigny; Arnims Bruder Karl; Staatsrat Stägemann und andere mehr. In dem von Arnim verfaßten Stiftungslied spricht sich vor allem der Solidaritätsgedanke der einzelnen Mitglieder im Dienste Preußens aus:

> *Was der Einzelne vermag,*
> *Soll er dienend Allen leihen,*
> *Viele Strahlen machen Tag.*
> *Schwört, daß keiner will vor allen,*
> *Jeder treu mit allen schallen,*
> *Hier zu Preußens Lebehoch.*[186]

In der zweiten Sitzung wurde beschlossen, daß die Tischgenossen «was ihnen an guten Geschichten, oder Schwänken, bekannt geworden, dem allgemeinen Vergnügen» nicht vorenthalten sollten. «Durch solche allgemeine Mittheilung wird eine Tischgesellschaft erst recht zu einer Tischgeselligkeit, und entgeht der Gefahr, nur eine Reihe neben einander essender Menschen vorzustellen.»[187] Das Foliobuch der Tischgesellschaft zeigt dann auch Aufzeichnungen einiger solcher Geschichten, die abwechselnd mit «Ernst» und «Scherz» betitelt sind und von Brentanos bzw. Arnims Hand stammen. Es befindet sich darunter auch die Geschichte des Bürgermeisters Appelmann, die «auf Antrag Herrn L. A. von Arnim's, des Stifters, von Herrn Hofrath Beckedorff, dem Sprecher, aus Paul Friedeborn's Stettinischen Geschichten . . . vorgelesen» wurde.[188] Diese Geschichte bearbeitete Arnim zu einem Puppenspiel, das mit anderen Stükken 1813 in seiner *Schaubühne* erschien.

Es ist klar, daß sich eine Versammlung solcher einflußreicher Männer nicht bloß zur Belustigung traf. Schon die Tatsache, daß sich viele der Mitglieder der Patriotengruppe aus der Königsberger Zeit um 1806/07 hier wiederfanden, deutet auf die politische Orientierung der Tischgesellschaft. Ebenso der ausdrückliche Ausschluß von Juden, Philistern und Frauen aus der Mitgliedschaft. Trotz Arnims ausdrücklichem Einspruch bestand man auf dem Ausschluß auch von getauften Juden. Die journalistisch Tätigen, wie Kleist, Müller und Arnim, hatten wegen ihrer politischen Ansichten mit der Zensur zu kämpfen. Es zeigt sich also, daß die Tischgesellschaft zum großen Teil aus einer Gruppe politisch ähnlich Gesinnter bestand, deren Zusammenkünfte Gelegenheit zu uneingeschränkter Aussprache bot.

Die Opposition ließ auch nicht lange auf sich warten. Brentanos satirische Abhandlung über den «Philister vor, in und nach der Geschichte», die in der Märzsitzung der Tischgesellschaft vorgelesen worden war, richtete sich vor allem gegen den Geist der Hardenbergschen Politik: «überhaupt ist Staatsklugheit mit Niederträchtigkeit verbunden ein Hauptzug aller Philister», heißt es dort, und der Verfall der moralischen Grundlagen im Staatswesen wird mit Hurerei in Verbindung gebracht. Den Versuch der Regierung, durch Kabinets-Ordres zwischen Prostituierten und deren Klienten in gegebenen Fällen Ehen zu stiften, nennt Brentano einen «Huren-Indult der Philisterei»[189]. In diese Abhandlung hatte Brentano einige Zeilen aus dem oben angeführten Aufsatz Arnims (*Betrachtungen über ein allgemeines Stadtgespräch*) in abgewandelter Form eingefügt. In einem Brief an Jacob Grimm vom 14. Juli 1811 schreibt Arnim nämlich, *daß die Aeußerungen gegen H-rerei in der Philisterabhandlung aus einem Aufsatze von mir entlehnt sind, dem die hiesige Censur den Abdruck untersagte, weil er Staatseinrichtungen angegriffen habe.*[190] Beide Aufsätze sind demnach Proteste gegen die Taktik der Restaurationspolitik. Der Gegenangriff auf die Tischgesellschaft und ihre politischen Tendenzen kam aber nicht direkt von Regierungskreisen und richtete sich nicht direkt gegen die Gesellschaft, sondern gegen ihre treibenden Kräfte: Brentano und vor allem Arnim.

Brentanos «Philister», der übrigens damals für Arnims Werk gehalten wurde, Arnims *Halle und Jerusalem* und seine *Betrachtungen* hatten nicht nur das Thema öffentliche Moral gemeinsam, sondern die beiden ersteren enthielten neben den Bemerkungen über Philister auch abfällige Worte über Juden. Für Arnim war die Opposition zum Judentum hauptsächlich Glaubenssache. Eine erst kürzlich veröffentlichte Tischrede Arnims vom 18. Januar 1815 enthält diese Sätze: *Ich bemerke bey dieser Gelegenheit, daß ein Gesetz, welches auch getaufte Juden von der Gesellschaft ausschließt durch Stimmenmehrheit gegen meine Ueberzeugung durchgeführt worden ist, daß ich vielmehr es Pflicht aller guten Christen glaube, diese Täuflinge unter sich aufzunehmen mit Milde und Nachsicht und sie durch Freundlichkeit ganz aus den Schlingen des alten Bundes zu lösen.*[191]

Dieser Sachverhalt war aber allgemein unbekannt. Vielmehr richtete sich die Opposition gegen die Gesellschaft direkt gegen ihren Stifter und kulminierte in einem persönlichen Angriff, der sich im Sommer 1811 ereignete. Arnim schreibt darüber am 25. Juni an Wilhelm Grimm: *Ein junger Jude, Moritz Itzig, nahm die Gelegenheit eines Mißverständnisses, wodurch ich zu seiner Tante, Mad. Levi, gekommen war, indem ich glaubte, eingeladen zu sein, es aber nicht gewesen bin, mir zu schreiben, daß ich mit unritterlichen Waffen gegen seine Glaubensgenossen fechten thäte, ich möchte mich ihm als Mann zeigen. Ich wies ihn sehr gelinde zurecht . . .*[192] Allerdings war die Sache damit nicht abgetan. Am 16. Juli wurde Arnim im Badehaus von Moritz Itzig überfallen. *Ich wurde an dem genannten Orte sitzend*, schreibt Arnim, *beim Lesen einer Zeitung, von einem mir persönlich unbekannten Menschen, der mit einem Stocke bewaffnet eingetreten war, rasch angefallen; eine glückliche Fügung wollte, daß ich meinen Stock nicht aus der Hand gelegt hatte, sondern damit seinen Hieb sitzend ausparirte; es geschah, daß ein schneller Nachhieb von mir, als ich aufgesprungen, ihn taumelnd gegen die Wand warf, wo ich ihn bis zur Ankunft der Badediener in Unthätigkeit erhielt, denen ich ihn, in der Meinung er sei wahnwitzig, überließ.*[193] Dies Arnims Bericht an die Polizei, nachdem er erfahren hatte, daß der Täter Moritz Itzig war. Der Vorfall machte in gesellschaftlichen Kreisen viel Aufsehen und führte zu einem Prozeß, in dem Itzig wegen Überfalls verurteilt wurde. Für Arnims politische Ambitionen war der Skandal vernichtend.

Ein zweiter Zischenfall ereignete sich in diesem ersten Jahr seiner Ehe mit Bettina, der Arnims bisher sehr freundschaftliches Verhältnis zu

Goethe.
Zeichnung von
Friedrich Bury, 1800

Goethe beendete. Bettinas Verliebtheit in Goethe ist hinreichend bekannt. Viel später schrieb sie einmal an ihren Bruder über ihre Jugend-
jahre: «Ich 18jähriges Kind . . . hab auf Göthes Schoß gesessen und bin
gleich an seinem Herzen eingeschlafen vor seliger Ruh und habs in
trunkener Freude an Göthes Mutter geschrieben, und dabei bleibts; was
wäre dabei zu verläugnen?»[194] Wie platonisch diese Liebe auch immer
geblieben war, die Liebesbezeigungen der jungen Frau (Bettina war nicht
18, sondern beim ersten persönlichen Treffen mit Goethe schon 22 Jahre
alt) erweckten die Eifersucht Christianes. Einige Wochen nach dem
Vorfall mit Itzig besuchte das junge Paar Goethe in Weimar. Goethes
Tagebuch vermerkt seinen täglichen Umgang mit Arnims vom 25. August
bis 8. September 1811. Kurz darauf kam es zu einem öffentlichen Auftritt
bei einer Gemäldeausstellung im Haus des «Kunst-Meyers», die sowohl
das Goethesche wie das Arnimsche Ehepaar besuchte. Hier brach Christiane einen Streit vom Zaune, über den Charlotte Schiller schrieb: «Sie
[Bettina] liebt den Meister auf eine rührende Weise, aber denken Sie nur,
daß ihr die dicke Hälfte das Haus verboten, de but en blanc eine Zänkerei
in der Ausstellung angefangen und ihr gesagt, sie würde sie nicht mehr
sehen u. s. w.»[195] Arnim zeigte seine sofortige Abreise an, bedankte sich
bei Goethe für seine Gastfreundschaft und schrieb: *Es bedarf keiner*

Versicherung, wie leid es mir gethan, daß die öffentlichen Schimpfreden, welche die Frau Geheimeräthin über meine Frau ergossen, und die Folgen derselben auf die Gesundheit meiner Frau und auf das Stadtgespräch eine Trennung des Umgangs in den letzten Tagen nothwendig machte. Dann erklärt er, wie er das Verhältnis zwischen Bettina und Goethe sah: *. . . indem Sie ihren freundlichen Briefen und Sendungen Interesse schenkten, machte sie sich ein Bild von unwandelbarer Liebe für sie, das ihr gleichsam von Geschlecht zu Geschlecht als eine Forderung des Ge- müths und der Pflicht angeboren und zugewachsen wäre, was in E. E. vielleicht nur eine vorübergehende Rührung über etwas Vergangenes, eine Verwunderung über die eigne Natur meiner Frau war und also hier bey dem kleinsten Hindernisse aufgegeben werden muste.*[196]

Der Bruch mit Goethe war trotz der Versöhnungsversuche von Bettina und Arnim endgültig. Am 5. August 1812 schreibt Goethe seiner Frau aus Teplitz seine Meinung: «Von Arnims nehme ich nicht die mindeste Notiz, ich bin sehr froh, daß ich die Tollhäusler los bin.»[197]

Arnim blieb inzwischen weiterhin politisch tätig, allerdings mit wenig Glück. Auch schriftstellerisch gönnte er sich keine Ruhe. Zu Ostern 1812 kam seine Novellensammlung heraus, die viele seiner heute bekanntesten Geschichten enthielt. Im Mai wurde sein erster Sohn geboren, den die Eltern Freimund nannten. Anfang 1813 sah Arnim endlich eine Möglich-

Christiane von Goethe. Kreidezeichnung von Friedrich Bury

Friedrich Wilhelm III.,
König von Preußen.
Punktierstich von
Vinzenz Poll,
um 1815

keit, tatkräftig in die politischen Verhältnisse einzugreifen. Dem Aufruf des Königs vom 3. Februar zur Erhebung gegen Napoleon folgte am 11. Februar Arnims Vorschlag an die Tischgesellschaft, einen freiwilligen Reiter mit den 180 Talern der Tischgesellschaftskasse auszurüsten. Die noch fehlende Summe von 250 Talern für die Equipierung wurde von den Mitgliedern aufgebracht. Savigny, nunmehr Rektor der Universität, wirkte im Berliner Ausschuß zur Organisation der Landwehr und des Landsturms, der durch die königliche Verordnung am 21. April entstand. Savigny selbst trat mit seinen Freunden Arnim, Pistor und Schinkel in den Landsturm ein. Dabei wurde Arnim Hauptmann und Vizechef eines Berliner Landsturmbataillons. Um der mangelhaften Ausrüstung und dem Geldmangel des Landsturms abzuhelfen, beschloß Arnim, den Ertrag der *Schaubühne* für die Anschaffung von Kanonen beizusteuern. Dieser Band dramatischer Arbeiten enthält meist Bearbeitungen älterer Stoffe verschiedensten Charakters: *Der Auerhahn*, eine Umformung der Sage vom Schützen Otto, ist ein typisches Beispiel der damals beliebten Schicksalstragödie; das Schattenspiel *Das Loch oder das wiedergefundene Paradies* ist trotz der heiteren Präsentation eine erst zu nehmende politische Satire; *Die Appelmänner*, eine Geschichte aus dem Jahre 1576, zeigt mit typisch Arnimscher Geschichtssymbolik den Kampf des Alten mit dem Neuen (dargestellt im Vater-Sohn-Konflikt) und den schließlichen Triumph der jugendlichen Kräfte zur Gestaltung einer freien und unabhängigen Zukunft. Dabei wird in grotesker Symbolik dem Sohn der bereits abgehauene Kopf wieder aufgesetzt und er erwacht zu neuem Leben. Der Religionskonflikt spielt eine große Rolle in der *Vertreibung der Spanier aus Wesel im Jahre 1629.* Am 16. Februar 1814 sandte Arnim sein Werk an Goethe mit folgender Bemerkung: *Vielleicht könnte ich den Vorschlag diesmal wagen das kleine Stück, die «Befreiung von Wesel» anzusehen, ob es aufführbar ist, ich habe es für die Bühne geschrieben, es war auch hier schon einstudiert, als die Schlacht von Lützen der Theaterdirektion den Muth benahm. Der Abdruck dieser Schauspiele wurde durch die Absicht dem Landsturme aus dem Ertrage Kanonen zu verschaffen, beeilt, ich war Landsturmhauptmann und zuletzt Bataillionschef. Die Absicht ging mit der Auflösung des Landsturms unter . . .*[198] Goethe erwiderte kalt, daß «die Pausen eben so gut zum musikalischen Rhythmus gehören als die Noten, eben so mag es auch in freundschaftlichen Verhältnissen nicht undienlich seyn, wenn man eine zeitlang sich wechselseitig mitzutheilen unterläßt». Zur Begutachtung der *Schaubühne* fügt er hinzu: «Die Vorzüge dieser kleinen Stücke haben mir als einem Schauspieldirector abermals die unangenehme Empfindung gemacht, daß talentvolle Männer nicht die Beschränkung des Theaters berücksichtigen wollen, und ein für allemal verschmähen, in den nothwendigen, unerläßlichen und so leicht zu beobachtenden Formen ihr Gutes mitzutheilen.»[199] Goethes Distanzierung von Arnim blieb unverändert.

Johann Gottlieb Fichte als Angehöriger des Berliner Landsturms. Zeichnung von Carl Friedrich Zimmermann, 1813

Die von Arnim erwähnte Auflösung des Landsturms erfolgte schon am 17. Juli 1813 und bedeutete eine große Enttäuschung für ihn. Bis zu einem gewissen Grade konnte er sich politisch durch die Übernahme des *Preußischen Correspondenten* am 1. Oktober betätigen. Die Schwierigkeiten mit der Zensur, die er auch hier wieder vorfand, nötigten ihn aber, die Redaktion schon am 1. Februar 1814 an Niebuhr abzutreten. Kurz vorher, am 29. Januar 1814, starb Fichte, und Arnim lieferte einen Nachruf auf ihn in der vorletzten von ihm geleiteten Nummer des *Preußischen Correspondenten.* Er sei *unleugbar der Ausgezeichnetste von denen, die sich Kants Schüler nannten*, schreibt er und zollt dem Philosophen das höchste Lob.[200]

Arnims zweiter Sohn Siegmund war am 2. Oktober 1813 geboren worden, dem schon am 9. Februar 1815 der dritte, Friedmund, folgte. Finanzielle Probleme, eine Abneigung gegen das oberflächliche Berliner Gesellschaftsleben und die Enttäuschung über die Unmöglichkeit, in die politische Situation tatkräftig einzugreifen, machten eine Übersiedlung nach Wiepersdorf wünschenswert, die am 16. Februar 1814 auch stattfand. Freimund, der Erstgeborene, war zum Erben eingesetzt worden, wobei Justizrat Beelitz als Kurator fungierte. Daß Arnim, wenigstens zu Beginn, das Landleben mehr als Pflicht denn als Freude empfand, geht aus seinem Brief an Wilhelm Grimm vom Mai 1815 hervor: *Du mußt es nämlich ernstlich erwägen, was es in dieser Zeit, bei großer Beschränkung der Mittel heißt, einen sehr verfallenen Wirthschaftshof, der mein Haus von einer Seite mit Mist umgab, in mehrjähriger Anstrengung, die endlich in diesem letzten ihre Beendigung erhält, seitwärts neu aufzubauen . . . insbesondre wenn die allmächtigen Geschicke über mich beschließen, daß ich die Wirthschaft übernehmen muß, wie es nun eben scheint. Was thut man nicht für seine Kinder, und denen solls fruchten.*[201] Einige Monate später, am 26. September 1815, schreibt er Bettina auf einer Geschäftsreise: *Ich war bei Beelitz und überlegte mit ihm alles Unglück, das an meinem Vermögen genagt hat, und da stieg mir eine bittere Wehmut in die Augen, daß die Kinder mir einst zürnen werden, daß ich nicht besser wirtschaftete, während ich sparte all mein Tagelang; da nahm ich mir vor, das alles in schriftlicher Erzählung zu hinterlassen, wie alles sich in der Welt verderblich fügte, wie die Klugheit und der Rat tüchtiger Männer mir fast nie helfen mochte.*[202]

Mitte April 1816 erkrankte Arnim schwer. Am 23. April schrieb Bettina an Wilhelm Grimm: «Liebe Gebrüder, mit bewegtem, erschüttertem und freudigem Herzen schreib ich Euch, daß mein und Euer Arnim neun Tage zwischen Leben und Tod gerungen, an einer Brustentzündung verbunden mit einem delirierenden refmatischen Nervenfieber, und daß Gott in 2mal 24 Stunden die Krankheit zum Trost aller, die ihn kennen, zur Genesung gewendet.»[203] Wilhelm Grimm beschloß, Arnim zu besuchen und kam gegen Ende Mai in Wiepersdorf an. Savigny erreichte Arnim am 30. Mai und brachte Brentano mit. Anfang Juni fand sich auch Ferdinand Grimm ein. Von seinem Aufenthalt in Wiepersdorf berichtete Wilhelm folgendes an seinen Bruder Jacob: «Arnims Haus ist geräumig und der Garten daran u. der Wald von Birken dahinter schön, doch ist jenes inwendig ziemlich verfallen, war aber mit Pracht u. eigentlich

«Herr und Frau von Arnim bei + 6⁰ Kälte». Anonyme Zeichnung

fürstlich eingerichtet. Zimmer mit purpurseiden Tapeten und reichen
Goldleisten und getäfelter Boden. In seiner Stube liegt alles ziemlich
untereinander, die Bettine führt die Haushaltung selbst, hat alles Schwe-
re z. B. gutes Kochen leicht erlernt, hat aber keine Lust an diesem
Wesen, daher wird ihr alles sauer und ist doch in Unordnung. Dabei wird
sie betrogen und bestolen von allen Seiten. Beiden wär zu wünschen, daß
sie aus dieser Lebensart herauskämen.»[204] Arnim hatte sich so bald
wieder erholt, daß er bei der Abreise Wilhelm bis Meißen begleiten
konnte, wo er sich am 12. Juni von ihm trennte.

Im Herbst 1816 nahm Arnim die Arbeit an seinem Roman *Die Kronen-*
wächter wieder auf. Arnims Quellenstudien und Vorarbeiten reichen
mindestens bis in die Zeit des *Wunderhorns* zurück. Von anderen Projek-
ten immer wieder unterbrochen, durch neue Funde in alten Büchern
immer wieder umgearbeitet und verbessert, war der Roman 1812 schon
so weit gediehen, daß Arnim an Wilhelm Grimm schreiben konnte: *Bei*
einem größeren Werk, was ich jetzt total umschreibe, weil ich inzwischen
viel mehr Bücher gelesen habe und manches in der Zeit mir anders er-
scheint, wird Dir die Notwendigkeit meines Verfahrens deutlicher werden,
im voraus möchte ich Dich aber überzeugen, daß es nie ein Gedicht

93

Gut Wiepersdorf. Anonyme Zeichnung

gegeben, das historisch, und keins, das ohne Historie ist; die letztern braucht man nur nicht in der allgemeinen Welthistorie zu suchen und in der Geschichte nicht alles für wirkliche Geschichte zu halten.[205] Diese Rechtfertigung bezieht sich auf Jacob Grimms Kritik, Arnim habe «eine eigene Lust daran, ganz gewisse und historische Personen» in seine Werke einzuweben. «Allein ich habe ein ausdrückliches Gefühl gegen jenes Verfahren», schreibt Jacob, «weil ich glaube, daß man das Wahre und Gewisse nirgends zusetzen und ändern soll.»[206] Obwohl sich Jacobs Bemerkungen hier auf eine bestimmte Novelle Arnims beziehen, so taucht diese Kritik der mangelnden Historizität doch immer wieder im Briefwechsel zwischen den beiden auf. Arnim, dessen Beschäftigung mit Chroniken und Geschichtsbüchern in Vorbereitung der *Kronenwächter* bis 1805 aus brieflichen Zeugnissen belegbar ist, fand diese Einwürfe Jacobs unberechtigt.

Die Frage, ob die *Kronenwächter*, deren Grundlage vielfach faktische Materialien wie Chroniken, Geschichtsbücher, Lebensbeschreibungen historischer Persönlichkeiten und Erläuterungen der Sitten und Gebräuche aus alter Zeit waren, als Geschichtsroman zu betrachten sei, hat die Literaturkritik öfters beschäftigt. Arnim selbst war wenig an gattungsproblematischen Erwägungen interessiert. Für ihn war es der Hauptzweck seiner Dichtung, dem Leser den Ablauf und die Folgen geschichtlicher

Ereignisse in ihrer «ganzen Wahrheit» darzustellen und sich dabei nicht nur an lückenhaft überlieferte Fakten zu halten. Erst aus einem grundlegenden Verständnis der Historie und ihrer Wirkung auf Zeitgenossen und Nachkommen, glaubte er, ergäbe sich die Möglichkeit einer positiven Beeinflussung der Zukunft. In seiner Einleitung zum ersten Band erläutert er das Verhältnis von Dichtung zur Geschichte: *Dichtungen sind nicht Wahrheit, wie wir sie von der Geschichte und dem Verkehr mit Zeitgenossen fordern, sie wären nicht das, was uns sucht, wenn sie der Erde in Wirklichkeit ganz gehören könnten, denn sie alle führen die irdisch entfremdete Welt zu ewiger Gemeinschaft zurück.* Der Mensch steht dem selbst Erlebten zu nahe, um den Ablauf der Geschichte in seiner eigenen Lebensspanne zu begreifen, meint er. Aber *die Geschichte in ihrer höchsten Wahrheit gibt den Nachkommen ahndungsreiche Bilder und wie die Eindrücke der Finger an harten Felsen im Volke die Ahndung einer seltsamen Urzeit erwecken, so tritt uns aus jenen Zeichen in der Geschichte das vergessene Wirken der Geister, die der Erde einst menschlich angehörten, in einzelnen, erleuchteten Betrachtungen, nie in der vollständigen Übersicht eines ganzen Horizonts vor unsre innere Anschauung. Wir nennen diese Einsicht, wenn sie sich mitteilen läßt, Dichtung, sie ist aus Vergangenheit in Gegenwart, aus Geist und Wahrheit geboren.*[207]

Mit einem Blick auf die zeitgenössischen Ereignisse setzte er die Handlung zur Zeit der Bauernkriege an, einer Zeit des Aufruhrs und des Umbruchs. Nachdem der erste Band der *Kronenwächter* bereits zur Ostermesse 1817 erschienen war, besuchte er im Herbst 1820 auf einer Reise nach Süddeutschland die Handlungsschauplätze seines Romans in Schwaben. Arnim hatte sich von dieser Reise neue Anregungen für den zweiten Band der *Kronenwächter* erhofft, die aber ausblieben. Die Fortsetzung kam während Arnims Lebzeiten nicht mehr zustande. Allerdings gab Bettina die bereits fertiggestellten Teile des zweiten Bandes sowie Aufzeichnungen und Notizen zur geplanten Fortführung innerhalb der *Sämmtlichen Werke* nach Arnims Tod heraus. Gemäß Arnims Art finden sich in beiden Bänden viele Einschübe gesonderter Geschichten, die jedoch mit dem Ganzen immer in Verbindung stehen. Ähnlich wie dies schon im Drama *Halle und Jerusalem* der Fall war, ist auch in diesem Roman der erste Teil (*Bertholds erstes und zweites Leben*) mit starkem

Wäldchen bei Wiepersdorf. Bleistiftzeichnung von Maximiliane von Arnim

Szene aus den Bauernkriegen.
Holzschnitt von Hans Burgkmair zu Weisskunig von Maximilian

Wirklichkeitsbezug verfaßt, während die Handlung des zweiten Teils (die Geschichte Antons) vielfach auf allegorischer Ebene dargestellt wird. Die beiden Hauptfiguren, der Bürgermeister Berthold und der Künstler Anton, in Wesen und Charakter völlig verschieden, werden durch die Künste eines teuflischen Arztes und einer Bluttransfusion derart voneinander abhängig, daß der junge Anton gleichzeitig entseelt niedersinkt, als der alte Berthold stirbt. Zu neuem Leben erweckt, gelingt es Anton aber, nach vielfachen Irrwegen sein Volk einer besseren Zukunft entgegenzuführen. Bildlich gesehen handelt es sich also um die Antwort auf die Frage, ob politische Macht (Bürgermeister Berthold) oder künstlerisch-geistige Kräfte (Maler Anton) zur Erneuerung Deutschlands das Ausschlaggebende beitragen können. Aufschlußreich ist dazu Arnims Notiz zur Gestaltung Antons: *Die Auflösung ist endlich, daß die Krone Deutschlands nur durch geistige Bildung erst wieder errungen werde. So löst sich die Frage: Ein Teil des Menschengeschlechts arbeitet immer im Geist, bis seine Zeit gekommen.*[208] Dieses vorgesehene Ende des zweiten Teils weist wieder auf die Einleitung des ersten Bandes hin, wo der Landmann mit dem Dichter verglichen wird. Der Bauer beginnt und endet sein Tagewerk mit der Sonne: *Am Morgen setzt der Pflüger seinen Weg ohne Störung fort . . . und teilt nach seinen Morgenwerken die Erdfläche in festbegrenzte Morgen, wie er nach dem Tagewerke der Sonne die unendliche Zeit in Stunden teilt.* Wer aber mißt die Arbeit des Geistes auf seinem *unsichtbaren Felde? . . . Der Arbeiter auf geistigem Felde fühlt am Ende seiner Tagewerke nur die eigene Vergänglichkeit in der Mühe und eine Sorge, der Gedanke, der ihn so innig beschäftigte, den sein Mund nur halb auszusprechen vermochte, sei wohl auch in der geistigen Welt, wie für die Zeitgenossen untergegangen.*[209] Für Arnim, der damals sowohl Landmann wie Dichter war, lag die Antwort auf diese Fragen und Ängste in der Überzeugung, daß sowohl der einzelne wie auch das Volk nicht nur durch leibliche Nahrung, sondern auch durch geistiges Brot genährt werden muß.

Arnim sandte seinen Roman am 15. Juni 1817 an Goethe mit den Worten: *Ew. Excellenz übergebe ich den ersten Band meiner Kronenwächter aus wohlbegründeter alter Ergebenheit, ein Buch, das ich noch recht lieb habe, obgleich es gedruckt ist.*[210] Auch sein Schauspiel *Die Gleichen* sandte Arnim zwei Jahre später an Goethe mit Bezeigungen seiner Verehrung. Aber Goethe nahm auch nach dem Tod Christianes die Verbindung mit den Arnims nicht wieder auf.

Inzwischen war Bettina, die in Wiepersdorf das gesellschaftliche Leben und die Bequemlichkeiten des Stadtlebens entbehrte, gegen Ende Dezember 1816 nach Berlin zurückgezogen. Am 24. März 1817 wurde das vierte Kind dieser Ehe, der Sohn Kühnemund, geboren, dem schon im nächsten Jahr die erste Tochter (Maximiliane) folgte. Außer dem Sammelband von Novellen, der 1826 unter dem Titel *Landhausleben* erschien, veröffentlichte Arnim seine literarischen Arbeiten von nun an hauptsächlich in diversen Zeitschriften und Taschenbüchern. Friedenfelde, das Gut seines Vaters, wurde 1818 verkauft. Trotzdem nahmen die finanziellen Schwierigkeiten kein Ende, und am 11. August 1818 schreibt er an Bettina: *Glaube mir nur das Eine, daß diese ökonomische Übernahme von Bärwalde, obgleich sie vom Geschick seltsam mir aufgezwungen wurde, schon lange ein Gegenstand meines Nachdenkens war. Oft dachte ich wohl, ob nicht am Rhein uns ein besseres Geschick blühen könnte, aber da hätten wir auch nur mit Luft und Erde gelebt wie die Günderode.*[211]

Dem Mann, der unermüdlich für eine bessere Zukunft arbeitete, war eine dürftige Gegenwart beschieden.

Die Novellen

Arnims Bemerkung, daß er und Bettina am Rhein auch nur mit Luft und Erde gelebt hätten wie Caroline von Günderode, bezieht sich auf die Inschrift, die Caroline sich aufs Grab setzen ließ und die den Abschluß zu Arnims Erzählung *Melück Maria Blainville* bildet: *Erde, du meine Mutter, und du mein Ernährer, der Lufthauch, heiliges Feuer, mir Freund, und du o Bruder, der Bergstrom, und mein Vater, der Äther, ich sage euch allen mit Ehrfurcht freundlichen Dank, mit euch hab ich hienieden gelebet und ich gehe zur andern Welt, euch gern verlassend; lebt wohl denn, Bruder und Freund, Vater und Mutter lebt wohl!*[212]

Die Ereignisse, die Arnim den Stoff zu dieser von ihm als Anekdote bezeichneten Geschichte gaben, gehen zurück in die Zeit nach Arnims Rückkehr von seiner Bildungsreise. Sowohl er wie Bettina waren mit der Günderode gut bekannt, die sich aus unglücklicher Liebe zu dem verheirateten Philologen Georg Friedrich Creuzer das Leben nahm. Das Thema des Selbstmords und der unglücklichen Liebe, das Arnim wiederholt beschäftigte, tauchte im Zusammenhang mit Kleists Tod zur Zeit der Niederschrift dieser Erzählung wieder auf. Indem er am 6. Dezember 1811 die Brüder Grimm bittet, ihm die Herkunft von Carolines Grabinschrift mitzuteilen, schreibt er: *Sage mir doch, aus welchem Gesange der Edda ist folgende Stelle, die sich die verstorbene Günterode auf ihr Grab setzen ließ und die jetzt schon vom Regen verlöscht ist, Schlosser sagte mir, sie wäre aus der Edda . . . Die Stelle klang mir in diesen Tagen wieder an, wo ich von Savigny . . . die traurige Nachricht erhielt, daß sich Kleist, nachdem er eine Frau Vogel, die ziemlich alt und häßlich, mit ihrem Willen erschossen, sich selbst mit der Pistole umgebracht hat . . . ursprünglich hat vielleicht keine Natur so weit gehabt, so viel Stufen bis zu dieser Gewaltsamkeit übersteigen müssen.*[213] Die Zeilen der Grabinschrift stammen aus Herders «Blumenlese aus morgenländischen Dichtern» (1792).

Der Selbstmord der Günderode hatte seinerzeit großen Eindruck auf Arnim gemacht. Am 27. August 1806 schrieb er aus Göttingen an Bettina: *Der sanfte, blaue Blick der armen Günderode begegnet mir sicherer, nun sie nicht mehr sprechen kann, sie sieht freier und ohne Zurückhaltung in die Welt, wir fühlen uns enger befangen, schlagen die Augen nieder und an unsre Brust, wir konnten ihr nicht genug geben, um sie hier zu fesseln, nicht hell genug singen, um die Furienfackel unseliger, ihr fremder Leidenschaft auszublasen.*[214]

Diese Erzählung, die Arnim in die Novellensammlung von 1812 eingliederte, ist von der Leserschaft und Kritik vielfach mißverstanden und

Heinrich von Kleist. Miniatur von Peter Friedel, 1801

verworfen worden. Melücks schwer verständliche Vehemenz der Leidenschaft, ihre zauberischen und prophetischen Kräfte, ihre Fähigkeit, im geistigen Sinne Mutter zu werden (die Kinder ihres Geliebten mit seiner rechtmäßigen Gattin tragen Melücks morgenländische Gesichtszüge), haben im Leser mehr Abscheu als Mitleid mit dem Geschick der Titelheldin verursacht. Unverständlich bleibt ihm meist auch Arnims Nachschrift, in der er Melück ein *edles musenheiliges Leben* nennt, das *in schuldlosem Wahn* versunken sei. *Arme Sängerin, fährt er fort, können die Deutschen unsrer Zeit nichts, als das Schöne verschweigen, das Ausgezeichnete vergessen, und den Ernst entheiligen? Wo sind Deine Freunde? Keiner hat der Nachwelt die Spuren Deines Lebens und Deiner Begeisterung gesammelt, die Furcht vor dem Tadel der Heillosen, hat sie alle gelähmt.*[215] Diese Worte beziehen sich sowohl auf die Sängerin Melück wie auf die Dichterin Günderode. Nicht nur die Freundschaft mit der Günderode, sondern auch andere persönliche Erlebnisse spielen in der Erzählung mit. Solche Parallelen werden aber von vielen nicht erkannt,

Caroline von Günderode.
Anonymer Stich, 19. Jahrhundert

und Brentanos Äußerung zu Arnims Lyrik läßt sich auch auf seine Prosa ausweiten: «Du sprichst Dich nie aus», meint Brentano, «Deine Verse sprechen sich nie aus, wer sollte sie nun aussprechen? Das ganze Leben um sie! Aber dazu müßten sie objectiver sein, sie sind aber keine unmittelbare Gedichte, sondern Du Dich unaussprechender bist ihr Mittel, und so muß man Dich kennen, um sie zu lieben.»[216]

Im Gegensatz zur *Melück* gehört die ihr vorangehende Erzählung zu den beliebtesten unter Arnims Schaffen. Es ist die Novelle *Isabella von Ägypten*, die Arnim die *Zwillingsschwester* der Melück nennt. Mit ihr hat sie das Thema der unglücklichen Liebe gemein. Anders als in der *Melück* endet *Isabella* aber mit dem Triumph der Hauptfigur. Isabella, wie Melück, ist *in Europa wie die fremde Blume, die sich nächtlich nur erschließt, weil dann in ihrer Heimat der Tag aufgeht*[217]. Während aber *Melück* das Beispiel für die negativen Aspekte einer unbezähmbaren Leidenschaft liefert, zeigt Arnim in der *Isabella* die positive Macht der reinen Liebe. Karl V., der in Isabellas Liebe nur den Vorteil des Genusses sucht, verfällt dem Glanz und den Intrigen des Weltlichen und Minderwertigen

100

und mit ihm verfällt sein Volk: *Also morgen Abend bin ich wieder bei dir,* sagt Karl zu Golem-Bella, die er mit der wahren Isabella verwechselt, *und übermorgen wieder, und so alle Nächte, ja auch die Tage, wenn ich erst ganz frei der Herrscher eines mächtgen Volkes bin, das wie wir die Torheiten des Lebens in freudigem Genusse vergessen soll!*[218] Golem-Bella ist Isabellas Doppelgängerin. Äußerlich Isabellas Ebenbild, ist ihr Wesen ein ins Schlechte verkehrtes Gegenbild der frommen Heldin. Karls Unfähigkeit, das Echte vom Falschen zu unterscheiden, wie es sich ihm in den beiden Bellas zeigt, und seine Geldgier, derentwegen ihm der Alraun willkommen ist, erlauben ihm nicht, sein Volk unter weiser und gerechter Herrschaft zu vereinigen. Isabella andererseits, die sich in tiefer Unschuld der göttlichen Fügung überläßt, vermag ihr Zigeunervolk in die ursprüngliche Heimat zurückzuführen.

Arnim bedient sich in dieser Novelle mehrerer Sagen und Märchen, die in die Handlung lebendig eingeflochten werden und durch ihre eigene Moral im Ganzen das didaktische Element bilden. Die aus jüdischer Überlieferung entlehnte Golemsage (in der das vom Menschen geschaffene, zur Dienstbarkeit bestimmte Ebenbild seinen Schöpfer schließlich übervorteilt), der Alraun (Galgenmännlein, Geldmännlein), die Geschichte vom Bärenhäuter, haben alle den Zweck, die Haupthandlung durch die ihnen eigene Symbolik zu unterstützen. Schließlich erläutert Arnim in einem Einschub über die Regierung des historischen Karl V. die Parallelen zwischen der Novelle und den geschichtlichen Ereignissen.

Beide für die Erzählung so wichtigen Kompositionsverfahren, nämlich das der Einschübe von übernommenem Sagenmaterial und das der Anlehnung an historische Ereignisse, wurden von den Brüdern Grimm und anderen Lesern nach ihnen getadelt. Jacob Grimm schrieb am 6. Mai 1812: «Es mag sein, daß mich zweierlei beschränkt, und ich daher mit meiner Ansicht vor andern nicht bestehe, weil ich einen unangemessenen Respekt vor der Unerfindung und Unerfindlichkeit der Sagen habe, und da ich viele kenne, mir jede Abweichung und Vermischung unerlaubt erscheint. Darum ist es mir manchmal, wenn ich Deine Bücher lese, als müßte ich wünschen, Du hättest die vielen alten Bücher nicht gelesen, in sofern Du sie wieder zu Deinen brauchst.»[219] Arnim hatte eine gänzlich andere Auffassung als Jacob über die Verwendung von abgewandeltem Sagenmaterial. In seiner Besprechung des zweiten Bandes «Deutscher Sagen», herausgegeben von den Brüdern Grimm, meint er: *Das Schwerste ist: bei vielen Sagen den Punkt auf zu finden, wo die Tradition aufhört und wo die überall unter einfachen Verhältnissen sich ähnelnde, gleich ursprüngliche Erfindung dieselbe Sage an verschiedenen Orten, ohne eine solche Mittheilung, wieder hervor gebracht hat. Nur die Einfachheit dieser Lebensverhältnisse unterscheidet die Sagen-Erfindung von späterer Erfindung des dichtenden Geistes, die freilich den Schein des Willkührlichen erhalten durch die Mannigfaltigkeit der umfaßten Verhältnisse. Was aber in Dichtungen jeder Zeit gut ist, das ist gewiß nicht willkührlich, sondern der Künstler befand sich in einer höheren Nothwendigkeit, es gerade so und nicht anders denken zu können. Daß diese Sagen anderer Zeit in der unseren zu anderer Ansicht sich lösen und binden werden, ist natürlich.*[220] Diese Zeilen, als Rechtfertigung der Grimmschen Sammlung gemeint,

*Karl V. Kupferstich nach einem Gemälde Tizians
von Coenrad Waumans*

beschreiben eigentlich Arnims persönliche Einstellung zu derartigem
Material. Er bezieht immer wieder Historisches wie auch Pseudo-Histori-
sches und Sagenhaftes in seine Arbeiten ein, um *die wesentliche Wirkung:
den Geist des Augenblicks mit Vergangenheit und Zukunft zu verknüpfen*,
zu erreichen.[221] Darin sah er die dichterische Aufgabe: in der Wiederherstellung der Harmonie in einer von negativen politischen, sozialen und
künstlerischen Tendenzen zersplitterten Welt. Die Feder war sein
Schwert, mit dem er kämpfte, und er tat dies sowohl journalistisch wie
auch in seinen Dichtungen. Bei letzteren ist das didaktische Element oft
in einer so subtilen Symbolik versteckt, daß es auch die meisten Leser
nicht entdecken konnten.

Eine stark historisch-politische Symbolik wird auch in der Erzählung
Der tolle Invalide auf dem Fort Ratonneau deutlich, die neben der *Isabella*
zu den bekanntesten Novellen Arnims gehört. Von der Kritik als eines
der wenigen fast durchweg positiv beurteilten Werke Arnims oft interpre-
tiert und besprochen, ist aber auch hier der in der Symbolik enthaltene

politisch-didaktische Kern nicht erkannt worden. Arnims bildhafte Andeutungen kreisen hier um das Symbol der Lilie (Fleur-de-lis) und um das Thema der Verbindung eines kranken, wie vom Teufel besessenen Franzosen mit einer gottesfürchtigen Deutschen, deren Liebe, Geduld und Verständnis ihn schließlich heilt. Die Erzählung wurde in den von Friedrich Wilhelm Gubitz herausgegebenen «Gaben der Milde» (1818) gedruckt, die dieser zugunsten der Kriegsversehrten herausgab.

In den Jahren von 1817 bis 1820 lieferte Arnim viele Beiträge zu der von Gubitz publizierten Zeitschrift «Der Gesellschafter oder Blätter für Geist und Herz». Neben Gedichten, Kritiken und Aufsätzen veröffentlichte der «Gesellschafter» auch Arnims Erzählungen *Frau von Saverne*, die ebenfalls zu Arnims beliebtesten Arbeiten gehört, *Die Einquartierung im Pfarrhause*, deren Hintergrund persönliche Erfahrungen mit Einquartierungen und Requirierungen aus den vergangenen Kriegsjahren bilden, sowie *Die Weihnachts-Ausstellung, Fürst Ganzgott und Sänger Halbgott* und *Juvenis*. Die drei letzten Erzählungen haben relativ wenig Aufmerksamkeit beim Publikum erregt, obwohl sie eigentlich zu den besten und unterhaltendsten von Arnims Arbeiten gehören. In der *Weihnachts-Ausstellung* und in *Fürst Ganzgott* wird das Verhältnis der Kunst zum Publikum bzw. ihr erzieherischer Einfluß erörtert. In der von Arnim als «Schwank» bezeichneten *Weihnachts-Ausstellung* verbirgt sich eine Kritik am zeitgenössischen Theater, indem er Zacharias Werners Drama «Martin Luther, oder: Die Weihe der Kraft», dessen Erstaufführung 1806 ein großer Publikumserfolg war, in die süßlich-sentimentale Atmosphäre eines Konditorladens versetzt. Der Konditor läßt im Rahmen seiner alljährlichen Schaustellung zu Weihnachten Werners Stück auf seiner Marionettenbühne darstellen. Dabei wird in satirischer Verzerrung der Konditorladen als Tempel der Kunst verulkt. Kunst wird hier dem Künstlichen oder Gekünstelten gleichgesetzt und dementsprechend abgewertet. Der Konditor wird von einigen jungen Kunden gebeten, das Stück nicht aufzuführen: *Vergebens stellte einer der unsern vor: daß das Wernersche Stück vielen redlichen Leuten ein Greuel sei . . .*[222] Der Konditor und «Theaterdirektor» ist aber mehr am Beifall des Publikums interessiert als an seiner Erziehung durch Kunst. Die Diskussion endet in einer Schlägerei der Gymnasiasten, die eine Anspielung auf die tatsächliche Rezeption des Werner-Stücks bildet: Nach der Inszenierung des Dramas in Berlin ergaben sich heftige Diskussionen und Parteinahmen, die das Berliner Publikum in zwei feindliche Lager teilte.

Arnims Schwank ist also eine Parodie der tatsächlichen Ereignisse. Er ist aber auch eine Kritik am Erziehungswesen und dessen Methodik überhaupt. So wird in der Figur des Schulmeisters Schwalbe die Turnbewegung Jahns verspottet, die in der körperlichen Ertüchtigung auch eine Hebung der sittlichen Volkskraft zu bewirken glaubte. Schwalbe ist in die während der Freiheitskriege populär gewordene «deutsche Tracht» gekleidet. Er, wie auch sein Herr, Siegfried von Lindenberg, sind zwei aus dem komischen Roman Johann Gottwerth Müllers entlehnte Figuren. Siegfried verlangt von seinem Schulmeister, daß er sich die neuesten Erziehungsmethoden aneignen solle: *. . . unser Lektoris soll mit dem Geiste der Zeit fortschreiten, einen Pestalozzi habe ich ihm schon auf der*

Geräteturnen auf dem Sportplatz. Stahlstich des 19. Jahrhunderts

Auktion kaufen lassen, meint Siegfried. *Der schöne Traum, wie schon die Tracht alle Deutsche verbinden sollte, ist im Spiele der Jugend wirklich geworden.* Darauf erwidert Schwalbe: *. . . das Turnen, was ich hier lernen soll, ist doch gegen mein Ingenium . . . an so einer glatten Stange hinauf zu klimmen, das kann nicht einmal ein Eichhörnchen, vielweniger ich altes, dickes Rhinozeros.*[223] Es ist klar, daß Arnim von der Turnbewegung ebensowenig wie von der Kunst Werners erwartete, daß sie der großen Aufgabe der Volkserziehung gewachsen sei. Noch deutlicher drückte sich Arnim in einem Aufsatz über Heinrich Steffens' «Turnziel» aus, welches er ebenfalls im «Gesellschafter» besprach. *Wir halten das Turnen weder für wichtig, noch für schädlich*, schreibt Arnim, *glauben weder an die außerordentlichen Folgen für die Ausbildung des Menschengeschlechts, noch an die Gefahr, die diese Ausbildung bringen könnte. Wir halten die gewisse Turnersprache, Kleidung u. s. w. für eine recht angenehme Spielerei, welche den jungen Leuten die Mühe versteckt, die sie sich um die Sache geben müssen. In unserer Jugend spielten wir «Ritter und Knappe», jetzt spielt die Jugend «Deutschlands Befreier»; das Letzte steht nicht näher der Wirklichkeit als jenes.*[224] Dieser Aufsatz stammt aus dem Jahre 1819.

Wenn Arnim den einst so erfolgreichen Werken Kotzebues, Ifflands und Werners wiederholt künstlerischen Wert und die Fähigkeit absprach, den Kunstsinn des Volkes zu heben und ihm geistige regenerative Kräfte zu vermitteln, so hat die Nachwelt Arnims Urteil vielfach bestätigt. Iffland und Kotzebue sind heute ebenso von der Bühne verschwunden wie Werners Dramen. Dagegen hat Arnims Werk, wenngleich es nie durchgreifende Popularität erlangte, die ersten 150 Jahre gut überlebt und stößt jetzt auf neues Verständnis und wiedererstandenes Interesse.

Das jahrzehntelange Überdauern des sich wandelnden Kunstgeschmakkes und -verständnisses kann wohl als einer der Maßstäbe gesehen werden, die das echte Kunstwerk von der Modeerscheinung trennen.

Ein Beispiel dieser Theorie liefert Arnim in der Erzählung *Fürst Ganzgott und Sänger Halbgott*. Hier ist es der Sänger, der den Regenten aus geistiger Stagnation rettet und ihn wieder zum tatkräftigen Herrscher seines Volkes macht. «*Das ist mein Schicksal*», rief der Fürst, «*ich langeweile mich und andre in dem Hofzwange; meine Frau, mein ganzer Hof ist schon versteinert, ich zur Hälfte, nur ein schneller Entschluß kann uns vom Untergange retten.*»[225] Der Sänger aber erkennt das Mittel zur Genesung: «*Sie sind jung, Ihnen fehlt nichts als Geistesbewegung; ich heile Sie . . . geben Sie mir die Hand, wir wollen geistig genesen . . . ich schaffe Sie gesund, nur folgen Sie mir.*»[226] Indem der Fürst den Anweisungen des Sängers folgt und selbst zum Künstler wird, erfolgt seine Genesung von der geistigen Krankheit der Langeweile, und er wird wieder körperlich und geistig aktiv. Der Sänger, dessen Einfluß diesen Wandel bewerkstelligte, wurde selbst aber vom Publikum wenig gewürdigt.

Thematisch den beiden oben erwähnten Erzählungen verwandt ist die Geschichte von *Juvenis*, der nach Abschluß seiner Schulzeit zwischen den Möglichkeiten schwankt, die ihm verschiedene Karrieren bieten. Aus persönlicher Erfahrung zeichnet Arnim die Unschlüssigkeit des jungen Mannes, der sich sowohl von der Wissenschaft wie vom Beruf des Kriegers und schließlich von der Kunst angezogen fühlt. Hier beantwortet Arnim seine eigenen Zweifel negativ, mit denen er einst Bettina gegenüber äußerte, er hätte vielleicht besser daran getan, Soldat zu werden. Für Juvenis erweist sich der Kriegsdienst als nicht zufriedenstellend: «*Nun die Neuheit der Umgebung und Übung verschwunden ist, sinke ich bei der Langeweile meines täglichen Exerzierunwesens immer tiefer in die Sehnsucht nach einem Wesen, das wohl in aller Hinsicht mir nicht bestimmt scheint*», meint er.[227] Dieses Wesen ist die Kunst, allegorisiert in einer Tirolerin dargestellt – dem natürlichen, frischen Kind des Volksgeistes. Juvenis schwankt aber auch zwischen seiner Eignung für die Kunst und für die Wissenschaft. Zwischen Kunst und Wissenschaft kann er sich bis zuletzt nicht entscheiden. Er leidet an einer *Doppelsinnigkeit seines Herzens*, weil *beide kaum zum gewöhnlichen Lebensverkehr mit ihrer Besonnenheit und Welteinsicht ausreichten*[228]. Indirekt kritisiert Arnim ein Schulwesen, das seine Zöglinge beim Abgang zwar ohne Lebensklugheit, dafür aber mit Zeugnissen und Empfehlungen ausstattet, die *zu den höchsten Ehrenstellen Hoffnung* geben.

Neben den Themen Sittlichkeit, Liebe, Kunst und Erziehungswesen taucht auch das Problem des religiösen Zwiespalts in Arnims Dichtungen immer wieder auf. Die Spaltung der Religionsgemeinde in katholische und protestantische Fraktionen, und die der Protestanten wieder in verschiedene kleinere Gemeinschaften, schien Arnim ein Symptom jener inneren Zersplitterung der Volksseele, gegen die die didaktische Basis seiner Dichtung gerichtet war. Die Wiederherstellung des inneren Gleichgewichts und der Harmonie verlangte eine Toleranz in Glaubenssachen, die den meisten seiner Zeitgenossen fremd war. Arnim selbst, obwohl überzeugter Protestant, trat stets für die Glaubensfreiheit seiner

Freunde Brentano, Görres, Ringseis und andere ein. In seinem in den «Blättern für literarische Unterhaltung» erschienenen Aufsatz über *Die münchener Congregation* verteidigt Arnim seine Freunde gegen Angriffe von seiten Andersgläubiger: *Ich war von je ein entschiedener Gegner der Jesuiten, der französischen Congregation und aller ähnlichen heimlichen Verbindungen, die, beim besten Willen des Einzelnen, oft im Ganzen das Schlechteste hervorbringen; aber dieser münchener Congregation, die in Ihren Blättern (Nr. 217–219) angegriffen wird, war ich immer mit meinem Munde zugethan und will sie deswegen laut und öffentlich vertheidigen . . . Ich nahm öftern und sehr ernsten Antheil an dieser Congregation, ich glaube, die Geheimnisse ihres Bestehens zu wissen, und erkläre offenherzig, daß die gute Küche einen bedeutenden Antheil hat. Ich habe da gut gespeist, gut getrunken, wurde geistreich, aber nicht geistlich unterhalten.*[229]

Aus der Summe solcher religiös-politischer Streitigkeiten, mit denen Arnim während seines ganzen öffentlichen Lebens in Berührung kam, gingen die beiden Erzählungen *Die Kirchenordnung* (Erstdruck im «Taschenbuch zum geselligen Vergnügen auf das Jahr 1822») und *Metamorphosen der Gesellschaft* hervor. Letztere erschien in der Novellensammlung *Landhausleben* 1826 im Druck. In der *Kirchenordnung* bilden die Probleme der Konversion, Glaubensfehde und Versuche von protestantischer Seite, die kirchliche Gewalt auch äußerlich zu stärken, die zentralen Themen. In Arnims Erzählung gerät der Amtshauptmann in den Konflikt zwischen protestantisch-kirchlichem und weltlichem Gesetz, die beide seine Unterwerfung verlangen. Von seinen Standesgenossen erfährt er: *Die neue Kirchenordnung sei ohne ihre Zustimmung eingeführt. Wenn sich ein ritterlicher Mann diesem öffentlichen Schimpfe der Kirchenbuße unterziehe, so schließe er sich dadurch von ihnen aus; sie müßten ihm alle ritterliche Genugtuung versagen, sie könnten ihn nicht mehr auf Landtagen und in ihren Trinkstuben dulden.*[230] Der Magister andererseits erklärt, daß *wer sich mit Sünde, mit Blut, mit Kirchenlästerung heimlich oder öffentlich befleckt habe, solle kniend seine Beichte hersagen, denn nur auf diesem Wege könne er vom Fluche befreit werden, der Leben und Tod belaste, und den Segen empfangen.*[231] Nach vollbrachtem öffentlichem Bekenntnis findet sich der Amtshauptmann gezwungen, Frau, Kinder und Heimat zu verlassen: *Wisse mein Sohn*, meint er, *zwei Kreise wirken jetzt nicht mehr aus einem Mittelpunkte. Mein Leben fiel in die Zeit der Entzweiung, vielleicht fällt das deine in die Zeit der Wiedervereinigung. Was die Kirchenordnung heute von mir forderte, entzweit mich mit der Ordnung der Ritterschaft. Ich suchte mein ewiges Heil, und muß nun mein zeitliches Dasein in Gegenden suchen, so die Demütigung unbekannt ist, der ich mich heute unterworfen habe.*[232]

Die Problematik des Religionswechsels wußte Arnim im eigenen Leben durch seine ungewöhnliche Toleranz in Glaubenssachen zu lösen. Seine Ehe mit Bettina wurde unter Zustimmung sowohl ihres katholischen wie seines protestantischen Pfarrherrn geschlossen, und obgleich sich in den Briefen der beiden wiederholt Unstimmigkeiten und Meinungsverschiedenheiten äußern, sind diese doch nicht religiöser Natur. Aus diesem Grund kann Arnim in seinem Brief an Wilhelm Grimm vom

Ludwig Tieck.
Zeichnung von
Franz Krüger

22. April 1822 sagen, er habe in der *Kirchenordnung* manches *Schwererrungene in Ansichten darin gar leicht und bequem der Welt mitgetheilt*[233].

Die Rivalität zwischen kirchlicher und weltlicher Macht, zwischen Religion und Politik, greift Arnim in den *Metamorphosen der Gesellschaft* nochmals auf. Dabei trifft er Vorsorge, nicht mißverstanden zu werden. Im Schlußbericht zum Landhauslebenzyklus, dem die *Metamorphosen* als erste Erzählung beigefügt sind, bezieht sich Arnim kritisch auf Tiecks 1823 erschienene Erzählung «Die Verlobung». Tiecks Werk fehle die Innigkeit seiner früheren Schriften und man hätte von ihm Besseres erwarten können, heißt es dort. Der Erzähler der Metamorphosen fürchtet nun, *daß die Flüchtigkeit der Leser seine Ansicht in den «Metamorphosen der Gesellschaft» damit übereinstimmend finden möchte, weil auch er einige Scherze über fromme Gesellschaften sich erlaube, ungeachtet er sie innigst verehre, ja gewissermaßen innerlich zu ihnen gehöre.* Die *Metamorphosen* wären aber schon *fast zu Ende geschrieben* gewesen, als er Gelegenheit hatte, «Die Verlobung» zu lesen; *ich wünschte, daß meine Erzählung als eine Polemik gegen jene Gesinnung erscheinen möchte, und hätte ich sie früher gelesen, ich würde dies deutlicher in Ereignissen und Äußerungen ausgesprochen haben*, meint er.[234] Arnims Erzählung ist also 1823 entstanden, und er wünscht sich von Tiecks Spott über fromme Gesellschaften zu distanzieren.

Verständlich wird Arnims Intention im Aufbau der Erzählung erst bei genauerer Betrachtung der Hauptfiguren. Miranda, die seit Jahren von ihrem Gatten, dem Rittmeister, getrennt lebt, ist das weibliche Oberhaupt einer frommen Gemeinde. Die Mystikerin trägt viele Züge der Barbara Juliane von Krüdener, mit deren Tätigkeit in der Erweckungsbewegung Arnim seit seiner Bildungsreise sehr vertraut war. Als Gattin des russischen Gesandten Burckhard Alexis von Krüdener hatte sie in jüngeren Jahren an verschiedenen Höfen eine relativ wichtige gesellschaftliche Rolle gespielt, bei der ihr Anmut und Entschlossenheit behilflich waren. In späteren Jahren wandte sie sich der Literatur zu, half die Schweizer Erweckungsbewegung zu organisieren und nahm auch am politischen Geschehen teil.

Typisch für Arnims Erzählwesen ist, daß er seine Miranda, obgleich sie in vieler Hinsicht dem Charakter der Frau von Krüdener nachgezeichnet ist, nicht untergehen läßt. Er erklärt *den Widerspruch mancher braven Leute gegen diese Verbindungen frommer Seelen, die niemand hindern, vielen Gutes erweisen, deren Verachtung die andern doch nicht fühlen, die niemand Zwang antun mit der Furcht vor ihrer steigenden Zahl, vor der Vornehmigkeit ihrer Mitglieder*[235]. Er sieht die Gegnerschaft also in der Furcht vor der politischen Macht, die solche fromme Gemeinschaften schließlich ausüben könnten. Diese Spaltung der Gesellschaft, dieser Riß, der die «braven Leute» von den frommen Gemeinschaften trennt, wird von Arnim in den beiden Hauptfiguren und den sie umgebenden Kreisen dargestellt: Miranda mit ihrer Religionsgemeinschaft bildet die eine Gruppe, der Rittmeister und seine Freunde (die als Vertreter der Restauration, des ständischen Parlamentarismus, der nationalen Freiheitsbewegung gezeichnet sind) die andere. Daß Arnim auch 1823 noch an die Möglichkeit einer Wiedervereinigung der diversen politischen und religiösen Fraktionen zu einem harmonischen Staat fortschrittlicher und toleranter Natur glaubt, beweist der Ausgang seiner Erzählung: Miranda erkennt, daß sie *durch unweibliche Herrschsucht jene unsre Trennung herbeiführte, die dich so mancher Verirrung hingab, und auch mir keinen vorwurfsfreien Wandel gestattete*[236], worauf die langjährige eheliche Trennung zwischen ihr und dem Rittmeister, der inzwischen Kultusminister und Reformer geworden ist, aufgehoben wird. Kultur und Religion, Kunst und Sittlichkeit, das sind für Arnim die Grundpfeiler des gesunden Staates. Die unheilvolle Zersplitterung, die Arnim im zeitgenössischen Deutschland sieht, wird paradigmatisch einerseits durch die politischen Meinungsverschiedenheiten im Freundeskreise des Rittmeisters dargelegt, andererseits durch sentenzhafte Einschübe über die Glaubensfehden verdeutlicht.

Die Erzählung mißfiel Arnims Freunden: «Die erste Erzählung, in Beziehung auf das, was sie bespricht, die wichtigste, die ich deshalb mit vollkommener Aufmerksamkeit überdacht habe, scheint mir in anderer Hinsicht am meisten Tadel zu verdienen», schreibt Wilhelm Grimm am 26. Dezember 1826. «Die Verhältnisse wechseln darin wie ein jede Minute umgedrehtes Kaleidoscop, es sind materiell dieselben Elemente, aber ihr jedesmaliger Zustand läßt den vorhergegangenen kaum ahnen.»[237] Arnim beantwortete den Brief erst am 4. Juni 1827 und erwähnt darin Wilhelms Kritik: *Mit meinem Buche scheinst Du nicht sonderlich zufrieden zu sein, wenigstens nicht mit den Metamorphosen, immerhin, diese Metamorphosen sind ein Opfer, was ich der Wahrheit meiner Erfahrung brachte, kein Wort darin ist leichtsinnig hingeschrieben oder ohne Durchsicht geblieben.*[238] Wilhelm verstand nicht, daß die stete Umformung, der dauernde schnelle Wechsel alter Elemente zu neuen Konstellationen, in Arnims Sicht den grundlegenden Charakter seiner Zeit ausmachte, und daß eben dadurch der Titel der Erzählung gerechtfertigt ist. Weit davon entfernt, durch Mißerfolge und durch die Zerstörung seiner Hoffnungen entmutigt worden zu sein, bestätigt Arnim in den *Metamorphosen* noch immer seinen Glauben an den endgültigen Triumph des Guten.

In Arnims Novellen und Erzählungen zeigt sich seine poetische Kraft am reichsten. Dieses Medium ist am besten geeignet, seinem Genie die notwendigen formalen Grenzen zu bewahren und der phantasievollen Darstellung seiner Ideen und Erfahrungen durch Kompaktheit größtmögliche Wirkung zu verleihen. Auch Arnims Romane sind im Grunde genommen nur erweiterte Erzählungen, in deren Rahmen eine Fülle von schachtelartig ineinandergeschobenen Geschichten das Material zu Romanlänge ergänzen. Seine Bühnenstücke, von denen die wenigsten je aufgeführt wurden, sind fast durchwegs so belehrend-erzählhafter Natur, daß ihnen die dramatische Wirkung mangelt. Eine der Ausnahmen bildet hier *Marino Caboga*, ein Stück, das Arnim in die Novellensammlung *Landhausleben* eingliederte und dem er die Bezeichnung *Dramatische Erzählung* beifügte. Durch seine Gedicht- und Liedersammlung erwarb sich Arnim seinen dichterischen Ruf und seinen wirkungsgeschichtlichen Platz. Dennoch können auch seine eigenen Gedichte kaum zu den literarisch wertvollsten der romantischen Epoche gezählt werden. Sie sind volksliedhaft im Ton, zum Teil belehrender, zum Teil unterhaltender Natur, aber selten eindrucksvoll. Das Reimen wurde ihm leicht, und das Spiel mit formalen Elementen zur Unterstützung und Vertiefung der Aussage war ihm fremd. Ja selbst die Aussage als solche beschäftigte ihn nur flüchtig. So konnte er am 18. Juli 1806 an Seckendorf schreiben, der ihm Material für die Volksliedsammlung anbot: *Legen Sie bey was Ihnen merkwürdig scheint, ich greife unter denen angezeigten wie in Loose, eins schieb ich weg und nehm das Nächste, was ich vielleicht schon kenne, denn wörtlich erinnere ich mich selten eines Liedes.*[239] Seine Novellen und Erzählungen aber gehören zu den schönsten und eindrucksvollsten, die uns aus der romantischen Literatur überliefert sind. Sie sind auch die bis heute noch meistgelesenen und beliebtesten Produkte seines Schaffens. Die wenigen hier besprochenen Erzählungen bilden nur einen kleinen Teil seines Gesamtwerks und sind durchaus nicht die bei der Leserschaft beliebtesten Prosastücke. Sie wurden vor allem gewählt, um die thematischen Zusammenhänge zwischen Arnims Philosophie, seinen politischen Ansichten, seinen Lebenserfahrungen und seinem Erzählwerk zu verdeutlichen.

Die produktivste Schaffensperiode für Arnims episches Werk, in der gleichzeitig auch seine literarisch reifsten Erzählungen entstanden, kann mit den Jahren 1810/11 bis in den Anfang der zwanziger Jahre begrenzt werden. Zwar blieb Arnim bis zu seinem Lebensende schriftstellerisch tätig, und es kann wohl sein, daß manches noch unveröffentlichte Manuskript aus seinem Nachlaß in den Jahren nach 1823 entstanden ist; beim jetzigen Stand der Arnim-Forschung lassen sich jedoch in seiner letzten Schaffensepoche vor allem journalistische Beiträge nennen. Sie enthalten neben Rezensionen und Kritiken auch Aufsätze, die sich mit Arnims Ansichten auf dem Gebiete der Kunst, Politik, Religion und Geschichte beschäftigen. Da Arnims Journalistik einen beträchtlichen Anteil in seinem Gesamtschaffen einnimmt, und weil diese Artikel einen Einblick in seine literarische Perspektive und seine allgemeine Weltsicht bieten, ist zumindest eine zusammenfassende Erörterung dieser kleineren Schriften für jede Gesamtdarstellung unerläßlich.

Belletristische Kleinkunst

Wenn Arnim am 26. September 1808 an Mme. de Staël schrieb, er sei *ein Zeitungsschreiber*[240], so war das nur bedingt wahr. Er bezog sich auf sein gerade abgeschlossenes Projekt als Herausgeber der *Zeitung für Einsiedler*. Tatsächlich hatte Arnim auch einzelne Beiträge zu Zeitschriften wie Schlegels «Europa», Schenckendorffs «Vesta», Reichardts «Berlinische musikalische Zeitung» geliefert. Seine ausgedehntere Beschäftigung mit journalistischen Arbeiten begann aber erst einige Jahre nach Abfassung dieses Briefes.

In den für Zeitschriften bestimmten Aufsätzen und Rezensionen finden sich viele Stellungnahmen Arnims zu zeitgenössischen Fragen des künstlerischen und öffentlichen Lebens, die für das Verständnis seines Denkens und Schaffens und für sein Verhältnis zum Schaffen seiner Zeitgenossen von außerordentlicher Wichtigkeit sind. Da diese Aufsätze jedoch nicht in die Ausgaben seiner Werke einbezogen wurden, und weil eine beträchtliche Anzahl jener Journale heute nur noch schwer zugänglich sind, ist dieser große Teil von Arnims Schaffen selbst in Fachkreisen wenig bekannt. Die Vielfalt seiner Schriften auf diesem Gebiet machen eine eingehende Besprechung in einer Gesamtdarstellung unmöglich. Es lassen sich jedoch einige immer wiederkehrende Themenkreise herausgreifen, die den Großteil seiner journalistischen Arbeiten bestimmten. Zu diesen gehören Aufsätze politischer, literaturkritischer und religiöser Natur sowie Rezensionen zeitgenössischer Theaterdarbietungen und Stellungnahmen zu Erziehungsfragen. Auf einige dieser Schriften wird hier kurz eingegangen.

Auf dem Gebiet der Politik waren für Arnim vor allem Verfassungsfragen wichtig, und das Problem, welche Rolle dem Adel und dem Bauern im Regierungswesen zugeteilt werden sollte. Grundsätzlich bejahte Arnim eine klassenstrukturelle gesellschaftliche Einteilung, doch wollte er die Vorrangstellung des Adels weniger auf ererbtes Privileg als auf die Gesinnung des Individuums basiert wissen. *Der lebendigste Mensch*, schreibt er in einem seiner Taschenbücher, *scheint wohl der edelste zu seyn, auch scheint daraus der Adel entstanden zu seyn.*[241] Wo ein solcher Adel der Gesinnung nicht mehr vorhanden ist, verfällt auch das ererbte Privileg. Auf diesem Verständnis des pflichtgebundenen Privilegs baute Arnim auf, wenn er forderte, daß das Volk *durch den Adel zum Adel*[242] erhoben werden sollte, daß der König *das ganze Volk*[243] adlig erkläre oder daß *so viele wie dessen fähig zum Adel* erhoben werden sollten.[244] In vielen Punkten stimmten Arnims Reformpläne mit denen des Freiherrn vom Stein überein. Diesem ging es ebenfalls «um die Beteiligung des mündigen Bürgers an den Staatsgeschäften auf allen Ebenen, nicht allein um Selbstverwaltung in den Kommunen, sondern um Mitregierung»[245], und um die Frage: «Wie kann der Gemeingeist wiederbelebt werden?»[246]

Während der Organisation des Landsturms trat Arnims politische Schriftstellerei wieder in den Vordergrund. Görres' «Rheinischer Merkur» gab ihm dazu die Möglichkeit des öffentlichen Ausdrucks. In einem in Nr. 197 gedruckten Schreiben beklagt Arnim die Zersplitterung der deutschen Staaten und ihre politische Isolierung. Er ergreift Partei für die Bayern, für Sachsens allgemeine Wahlen und kritisiert Preußens adlige Volksvertreter als engstirnig und pedantisch: *Ein viel zu allgemeines Vorurtheil gegen die Gesinnung der Bayern, das sich im Norden verbreitet, verdiente wohl berichtigt zu werden*, beginnt Arnim und schränkt seinen Enthusiasmus für die Bayern sofort ein: *Was will man überhaupt viel von der politischen Gesinnung eines Volkes sagen, das so wenig öffentliche Berührung und Bekanntschaft mit der wahren Lage seines Landes, und noch weniger mit der von Teutschland hat, und jetzt noch geflissentlich in seinen Ansichten geirrt und gestört wird. Dasselbe gilt auch gegen das Stimmen nach der Seelenzahl über den künftigen Herrscher in Sachsen. Kaum ist öffentlicher Verkehr genug in den teutschen Staaten, um auch nur eine irgend brauchbare Repräsentantenwahl möglich zu machen. Unsere Volksvertreterwahl erkrankt und vielleicht für immer daran, daß sie aus ständischen Abgeordneten gewählt worden, für deren Auswahl früher ganz allein eine gewisse Fähigkeit entschied, in das Förmliche der kleinen örtlichen Angelegenheiten, besonders in die Rechnungsführung sich hineinzuarbeiten. Bis dieses anders wird, bis sich für den öffentlichen Dienst wahrhaft öffentliche Menschen gebildet haben, wird noch eine Weile zugehen.* Den Grund für die Unkenntnis der politischen Sachlage findet Arnim in der lokalen Zensurgewalt, mit der auch er und seine Freunde immer wieder zu kämpfen hatten: *Ueberhaupt ist das Unwesen der hiesigen Censur sehr groß.*[247] Unkenntnis der politischen Sachlage verhindert weitsichtiges Planen, Zusammenarbeit der deutschen Staaten und verfassungsmäßigen Fortschritt. Sein Aufsatz über den *Adel in Hannover* macht die Apathie des Volkes gegenüber seinen Rechten dafür verantwortlich, daß nach der Befreiung von den Franzosen die früheren unfreien Verhältnisse für den Bauern zurückgekehrt sind. Auf die Frage, wie dieser Situation der Apathie und der geistigen Stagnation abzuhelfen sei, kommt Arnim wieder auf seine Idee des Adels der Gesinnung zurück: *. . . wo sich einer von ihnen auszeichnet, da ist er adlich, ihre Rechte aber werden die geistig Adlichen und die durch Muth Geadelten von selbst schützen. Vererbt kann Geist und Muth freilich nicht werden, also auch nicht der Adel, der durch sie verliehen wird.*[248]

In dem wenige Monate später veröffentlichten Aufsatz *Was ist zu thun?* beschäftigt sich Arnim erneut mit dem Verfassungsproblem. Indem er die historischen Ereignisse seit der Französischen Revolution erörtert, warnt er vor einer analogen Entwicklung in Deutschland. *Frankreich hat seit 25 Jahren nur einen Zeitpunkt der Wahrheit in seinen vaterländischen Verhältnissen gehabt, der, jener für alle folgenden Jahrhunderte merkwürdigen und folgenreichen National-Versammlung, einer Vereini-*

Karl Reichsfreiherr vom Stein.
Schablonenkunstblatt von P. J. Lützenkirchen

gung von Talenten und redlichem Willen, wie man sie selten in großen Versammlungen findet. Frankreichs Fehler war die versuchte Rückkehr zum alten System im neuen Gewand – ein Fehler, den Arnim in Deutschland zu verhindern sucht: *Ludwig der XVIII. erschien, und trat auf den Thron, wie in ein Erbeigenthum, dessen Besitz ihm mit Unrecht entzogen worden sey . . . und gab der Nation nach eigner Willkühr eine Verfassung ohne deren Zuziehung. Das in den besten Tagen der Revolution erru[n]gne Volksrecht, war mit einem Federzuge vernichtet; die trefflichste Verfassung, welche ein Machthaber, dem Volke ohne dessen Zuziehung und Einstimmung giebt, ist ein Werk des Despotismus, eine Verletzung der heiligsten Rechte der Völker, nur nach selbständig ausgesprochenem Bedürfniß regiert zu werden.* Das deutsche Zaudern beim Entwurf einer Verfassung vergleicht er mit einer ähnlichen folgenschweren Verzögerung im nachrevolutionären Frankreich: *. . . viele haben es laut gesagt, und eine neue gewaltsame Umwälzung verkündet, wenn man das frei gegebne Wort der Nation nicht endlich erfülle, wenn man den Umtrieben der früher privilegirten Casten nicht Grenzen setze . . . Man hüte sich vor der Wiederhohlung eines Fehlers, der sich so furchtbar gerächt hat; von* *dessen Vermeidung hängt die Ruhe Europas, das Glück aller gebildeten Nationen ab.* Nicht die Revolution selbst lehnt Arnim ab, wie oft behauptet wird. Im Gegenteil, er nennt sie das *reine Licht.* Statt dessen wendet er sich gegen den Despotismus, der ihr folgte, sei es nun der einer wiederaufgezwungenen Monarchie oder jener Bonapartes.

Im *Tollen Invaliden* hat Arnim dieses nachrevolutionäre Übel in Frankreich in der Figur Francoeurs dargestellt. Im Herzen Frankreichs eitert der Despotismus, wie der Splitter in Francoeurs Kopf ihn veranlaßt, durch irrationale Gewaltausbrüche seine Umgebung mit Feuer und Pulver zu verheeren. Die Analogie zu den napoleonischen Kriegen liegt auf der Hand. *Soll daher Wahrheit, und damit Dauer in Frankreichs öffentliche Verhältnisse kommen,* schreibt Arnim weiter, *so gestatte man nicht, daß Ludwig XVIII. und seine Anhänger ohne weiteres dahin zurückkehren, bevor sich die Nation eine Verfassung nach eigenem Bedürfniß frei und selbstständig gegeben.* Er tritt dafür ein, daß freie Bürgerwahlen die Abgeordneten bestimmen, daß die Presse freigegeben und *daß Aller Meinungen und Bedürfnisse ihre Vertreter finden können.* Schließlich erklärt er den Grund seiner Besorgnis um Frankreichs Verfassung: *Läßt man aber Ludwig XVIII. mit seinem Anhange, gegen den frei erklärten Volkswillen, wieder den Thron besteigen, so ist es um Frankreichs und Europas Ruhe, um alle frohe Hoffnungen der Nationen geschehen, denn in dem Frankreich zugedachten Loos wird auch die große Frage mit entschieden, was Europas Völker von ihren Regenten in Hinsicht auf Volksfreiheit zu erwarten haben.*[249]

Es zeigt sich in diesen Ansichten Arnims ein außerordentlicher politischer Weitblick. Ihm schien die Einbeziehung der unteren Stände in den Regierungsprozeß vor allem deshalb unerläßlich, weil sie das tätige Interesse und die erneuernde Mitarbeit dieser Schichten am Wohl des Staates bewirkte und so ein Versinken des einzelnen in Apathie und einen Verfall der gesellschaftlichen und politischen Struktur verhinderte. Die Alternative zu einer fortschrittlichen Verfassung bringt er in einem Auszug aus den «Wahrhaften neuen Zeitungen von unterschiedlichen Orten und Landen», der 1817 im «Gesellschafter» erschien. Das Wesen am Hofe wird dort so gezeichnet: *Da erfahren wir: Daß Herren-Gunst die größte Tugend ist; – daß nichts Besseres ist, als aus großer Herren Säcke zu bauen; – daß gemeiniglich diejenigen den Herren die Schuhe abtreten, die ihnen am nächsten nachgehen . . . daß ein Hofmann sey gleich einem Rechenpfennig, der gilt bald viel, bald wenig, bald gar nichts; – daß wenn der Fürst am Leibe krank wird, so ist der Arzt sein Herr, wird er an der Seele krank, der Theologus.*[250] Die Parallelen zur zeitgenössischen Situation sollen hier aufrüttelnd wirken.

Obwohl Arnim gewisse grundlegende Ansichten über den Adel und seine gesellschaftliche Funktion zeitlebens beibehielt, wie etwa die Idee des Gesinnungsadels, wandelte sich immerhin seine Sicht in bezug auf die Notwendigkeit gewisser Privilegien für diesen Stand. Letztere betraf besonders die Notwendigkeit des erblichen, schuldenfreien Grundbesitzes, ohne den er den Adel nicht funktionsfähig sah. Zum Großteil stammen diese Einsichten aus seiner eigenen wirtschaftlich bedrängten Lage. Obwohl Arnims Bruder Karl nicht geheiratet und deshalb keine erbberechtigten Kinder hatte, die Fideicommißstiftung also zugunsten von Arnims Kindern ausfiel, übernahm Arnim die Güter völlig verschuldet. Arnims Eingabe an das Berliner Kammergericht zeigt, daß er nicht einmal imstande war, die Schuldzinsen zu bezahlen. Seine finanzielle Lage besserte sich auch wenig bis kurz vor seinem Tod. Bettina bestand darauf, in Berlin zu wohnen, obwohl der Unterhalt von zwei Wohnungen samt Bedienung finanziell unklug war. *Denke daran*, schrieb ihr Arnim am 3. August 1818, *daß wir mit 4 bis 5 Kindern bei so teurem Quartier, Kost usw. in Berlin gar bald nicht mehr bestehen können.*[251] Aber Bettina war den Beschwerlichkeiten und der gesellschaftlichen Abgeschiedenheit des Landlebens nicht gewachsen. Friedenfelde wurde 1818 in der Notlage verkauft. Auch Bärwalde versuchte Arnim zu verkaufen. Diese Transaktion scheiterte aber. Die wachsende Zahl seiner Kinder (die zweite Tochter, Armgard, wurde am 4. März 1821 geboren. Ihr folgte noch Gisela am 30. August 1827) machte das geringe Einkommen aus Arnims schriftstellerischer Tätigkeit zunichte. Aus dieser persönlichen wirtschaftlichen Zwangslage erwuchs in ihm die Überzeugung, daß eine Neuordnung der Verhältnisse des Adels vonnöten sei. Das bedeutet nicht, daß Arnim die Idee der Volksbestimmung aufgab.

1827 wurde er zum ältesten Kreisdeputierten gewählt. Im gleichen Jahr schrieb Arnim seine *Ideen und Vorschläge zu einer neuen Adelsverfassung*, die in mehreren Punkten von seinen früheren Ansichten bedeutend abweicht. Zwar ist noch vom Gesinnungsadel die Rede: *So hat ein jeder Stand seinen Adel.* In der Folge jedoch bricht das ständisch-hierarchische Denken vollends durch: *. . . aber in diesem Stande wird es wieder Abstufungen geben, die in der Cultur sich unmerklich an einander anschließen. Die nächste wird vielleicht nicht zugeben wollen, daß die öbere etwas in der Bildung vor ihr voraus habe; aber, vergleicht man nun die obere mit der untersten, oder letzten, so wird der Abstand klar.* Durch den Zufall der Verarmung, meint Arnim, verliert mancher Adlige sein Ansehen und seine Würde. Nicht daß es eine Schande ist, meint Arnim, unverschuldet in Armut geraten zu sein. Nur *setzt doch eine ererbte Armuth, Mangel an Bildung, Mangel an Erziehung voraus, und die Folgen sind: eine den Edelmann verunzierende Unterwürfigkeit, Mangel an freyem Willen, ja zuweilen schlechte Handlungen.* Der Adlige muß nicht nur *bloß mit der Kraft des Geistes und des Armes* ausgerüstet sein, *sondern auch mit derjenigen des Geldes.* Schließlich kommt er zum Schluß: *Grundbesitz wäre also die Basis aller Respectabilität. Unverschuldet die zweite Bedingung. Aber die dritte wäre, daß dieser Grundbesitz durch Erbschaft erlangt, oder bei dessen Kauf das Majorat für den Nachfolger bestimmt würde . . . Ein solcher Edelmann, als ich ihn will, gehöre daher zum hohen oder ersten Adel, und so sey es wiederum sein ältester Sohn.* Arnim bestimmt die Bedingungen dieser Adelsstruktur bis in die Details der Erbfolge und der Vermögensgrenzen. Dem Majoratsherren *bleibe der Titel, Fürst, Graf, Freiherr vorbehalten . . . Alle übrigen Kinder müßten zum zweiten Adel gehören, bloß des Wörtchens von sich bedienen, und mit allen übrigen Adlichen ohne Grundbesitz zur zweiten Klasse gehören.* Arnim wollte, daß eine eventuelle konstitutionelle Verfassung auf dem Zweikammernsystem basiere. Dabei sollte der grundbesitzende

Adel *das Haus der Pairs* bilden, *zum Gegensatz desjenigen der Gemeinen, d. h., des zweiten Adels, der bürgerlichen Rittergutsbesitzer, der Städter und der Bauern*, aus denen die zweite Kammer bestehen sollte.[252] Es ist offensichtlich, daß Arnim durch eine solche Verfassung zu verhüten meinte, was ihm selbst widerfahren war: die Übernahme eines verschuldeten Besitzes und dadurch die Unmöglichkeit einer standesgemäßen Erziehung für seine Kinder sowie seine eigene einflußlose Stellung im politischen Prozeß. Mit seinen Vorschlägen meint er dem politisch einflußreichsten Kreise um den Thron Männer mit der nötigen Bildung und Handlungsfreiheit, uneingeschränkt durch Vorurteile und kleinliche Streberei, zuzuführen. Arnim war von der Idee des Gesinnungsadels zu sehr durchdrungen, um die Möglichkeit eines Mißbrauchs zu erkennen, der bei einer solchen Konzentration von Besitz und Macht unausbleiblich gewesen wäre.

Zeitlebens ein politisch orientierter Mensch war Arnim aber auch Künstler: Seine politische Waffe wie sein künstlerisches Werkzeug war die Feder. Seine Rezensionen und Urteile über literarische Werke von Zeitgenossen, mochten sie der damaligen allgemeinen Meinung noch so entgegen gewesen sein, zeigen heute seinen literarischen Scharfsinn und seine Objektivität. Es wurde oft gesagt, daß Arnim keine theoretische Begabung besaß. Dies ist aber durchaus nicht belegbar. Tatsache ist, daß er es bevorzugte, schaffend zu lernen statt grübelnd zu verkümmern. Was er an theoretischen Schriften verfaßte ist meist wenig bekannt oder unveröffentlicht. Eine Einsicht in sein theoretisches Denken und in sein literarisches Verständnis bringen jedoch seine kritischen Schriften.

Eine sehr frühe Arbeit Arnims aus der Gymnasialzeit, als er sein ganzes Denken und Streben noch auf eine wissenschaftliche Karriere richtete, zeigt schon viele seiner später noch ausgeprägter formulierten Gedanken über die Kunst in ihrer Genesis. In dieser Rede aus dem Jahre 1798 sieht Arnim analog zu Herders Geschichtsdenken die Entwicklung der Kunst im organischen Sinne: Es ist ein immerwährendes Sterben und Neugebären, ein stetes Ringen um neue Gipfel und ein folgender Verfall bei den verschiedenen Völkern. Metaphorisch ausgedrückt heißt es: *Der niedersinkenden Sonne, die dämmernd und matt, dem sehnsuchtsvollen Auge der Menschen sich entzieht, folgt Nacht, ewig dünkt sie dem schwachen, der Vernichtung Bothe, doch schöner steigt die Sonne wieder empor am östlichen Himmel.* Es sei niederschlagend, meint er, eine Kunst wie die griechische untergehen zu sehen, *aber auch tröstend, wenn die Gewißheit aus jeder schreckenvollen Zerstörung hervorgeht, daß sie nur Wechsel und ein schöner Wechsel sey!* Wenn Arnim später den nüchternen Wissenschaftler als zerstörenden Geist darstellt (z. B. der wunderbare Doktor in der *Gräfin Dolores*, Faust in den *Kronenwächtern*), so zeigt er sich hier als Entsteller der alten Kunstdenkmäler: *Doch wie viele* [Kunstwerke] *sind indessen nicht in der schreckenvollen Verwüstung so vieler Jahre, durch Nachlässigkeit, Unwissenheit und fanatische Schwärmerey untergegangen, wie viele waren verstümmelt, wie viele durch Abschreiber und kalte Nachahmer entstellt. Diese Lücken sollten ausgefüllt, das Mangelhafte ergänzt, das Fehlerhafte hinweggeschnitten, das Dunkle erklärt, das Falsche berichtigt werden!* Die Ansicht, daß eine Füllung der Lücken in

Maximiliane und Armgard von Arnim

*Gisela von Arnim.
Gemälde von
Caroline Bardua*

der Kunstgeschichte vonnöten sei, übernahm Arnim später direkt in sein Geschichtsdenken und dessen Anwendung auf seine Poesie: In der Einleitung zu den *Kronenwächtern* taucht die Idee wieder auf, daß die poetische Verwandlung von historischen Tatsachen eine notwendige Füllung der Lücken in der Geschichte sei. Das Buhlen um die Gunst des Publikums und die Verehrung und Nachahmung des Fremden wird schon hier wie später im Aufsatz *Von Volksliedern* verpönt: *Der Schriftsteller, welcher in seinen Nachforschungen nur den Beyfall der Leser vor Augen hat, nach ihm nur sein Werk abmißt und regelt, bezahlt sich voraus wie der Wohlthäter, welcher vorher den Dank berechnet, der ihm für seine Milde abgetragen werden muß.* Die Nachahmungssucht sei die stete *Feindin eines später sich bildenden Volkes*, die seinen Fortschritt hemmt. Künstler und Wissenschaftler sollen Weltbürger werden, *durch vorurtheilsfreye Prüfung und Nutzung alles Guten, auf welchem Boden es auch gewachsen sey, alle aufzumuntern und von allen zu lernen, vom Indischen Brahmanen wie von einem Neuton und Kant, mit allen zu empfinden und die süßen Bande verehren zu lehren, die alle Menschen gleich umschließen ohne Vaterland zu erkennen oder Stamm . . . Der Weltbürger sieht keinen Wandel mehr und keine Vernichtung, wo Weisheit fortlebt, ist sein Vaterland . . .*[253] Arnim schrieb sich hier seine eigenen Grundsätze als Weltbürger und Poet, denen er auch immer folgte. Er las alte und zeitgenössische Werke französischen, englischen und spanischen Ursprungs, meist ohne Zuhilfenahme einer Übersetzung, und achtete und förderte das Gute daran, während er selbst stets als Deutscher zu schaffen und zu wirken trachtete. Die in dieser Rede geäußerten Ideen durchziehen sein späteres poetisches, geschichtliches und politisches Denken und fanden ihren Niederschlag in seinen Romanen und Novellen (*Kronenwächter, Owen Tudor, Der tolle Invalide*), in seinen Ansichten über historische Phänomene wie die Französische Revolution sowie in seinen am englischen Modell geschulten Verfassungsplänen. Den immerwährenden Wechsel der Kunst und ihren Kampf mit negativen Einflüssen hat Arnim in einem noch unveröffentlichten allegorischen Text dargestellt.[254]

In seinem 1805 in der «Berlinischen musikalischen Zeitung» erschienenen Aufsatz *Ueber deutsches Sylbenmaaß und griechische Deklamation* legt Arnim seine Meinung über poetische Form dar. Hier wendet er sich gegen die Nachahmung einer Prosodie, die zwar im Griechischen Form und Sinn verband, in der deutschen Sprache aber wegen der Andersartigkeit des natürlichen Akzents das Gegenteil bewirkte. Wieder zeigt er sich als Anhänger Herders. Indem er die zeitgenössische *Jambensucht* ablehnt, meint er, die moderne Prosodie müsse sich dem modernen Sprachakzent anschließen, nicht willkürliche Längen und Kürzen vorschreiben, sondern den normalen Atemrhythmus berücksichtigen. *Man studiere nicht die elenden, gefühllos verfertigten Verse der Franzosen, sondern ihre Prosa, z. B. Rousseau hin und wieder, um ihre wahre Metrik zu entdecken,* schreibt er. Die Deklamation der Alten sei *ein sehr einfacher Gesang gewesen, der uns wahrscheinlich das erstemal eben so wenig wie die Leyer mit drei Saiten . . . gefallen würde, ob er darum wirklich schlecht, das folgt nicht. Vielleicht könnte er wirken, unserm Ohr die Jambensucht abzugewöhnen*[255]. Die künstliche Form des klassisch-prosodischen Ge-

Clemens Brentano. Aquarellierte Zeichnung von Ludwig Emil Grimm

dichts wird hier dem natürlich-volkstümlichen Lied gegenüber abgelehnt.

In den Jahren der Entstehung des *Wunderhorns* hatte sich Arnim endgültig der romantischen Schule angeschlossen und veröffentlichte diverse Aufsätze in den «Heidelbergischen Jahrbüchern». Eine für die Zeitschrift vorgesehene Rezension von Brentanos «Goldfaden» kam damals zugunsten einer von Wilhelm Grimm verfaßten nicht in Druck. Die Rezension, in der Armin dem Freund höchstes Lob zollt, kommt auf die in der Schülerrede von 1798 erwähnte Idee zurück, daß der Dichter

Anne-Louise-Germaine de Staël-Holstein.
Gemälde von F. P. Gérard

die Lücken in der Literatur- und Kunstgeschichte füllen müsse. Brentano habe dies geleistet, indem es ihm gelungen sei, *durch ein sinnvertrautes Weglassen der Hauptfehler vieler älteren Werke, das schleppende, dem Lateinischen oft sehr ungeschickt Nachgebildete zu erleichtern, das Unbekannte durch etwas Neues zu ersetzen, ohne es aus dem Tone des Ganzen herausfallen zu lassen*[256].

Das Thema, inwiefern der Schriftsteller mit historischer Genauigkeit verfahren müsse, gab Arnim oft Anlaß zu Erläuterungen. Im Aufsatz *Historische Wahrheit* schreibt Arnim 1830 in den «Blättern für literarische Unterhaltung», daß *die Geschichte von Manchen als eine Art Friedensvertrag zwischen den Schriftstellern angesehen wird, was sie für alle Zeiten als wahr wollen gelten lassen.* In einer von Hormayr gedruckten Anekdote sieht er *eine jener Umwandlungen, welche die Geschichte so oft durch eine verkehrte Vaterlandsliebe erfährt.* Daß diese Anekdote über Graf Marcus Czaber nicht vollkommen auf Wahrheit beruht ist für Arnim weniger wichtig als der Umstand, daß Hormayr kein *lebendiges Bild* der *breiten diplomatischen Zeit* gibt.[257] Hormayrs Umgestaltung zeichnet also den Zeitgeist unrichtig nach – und das bemängelt Arnim. Wahrheit, wie Arnim sie schriftstellerisch geboten sehen will, hat dagegen Fouqué vermittelt. *Die Zeit lehrt und wird lehren, daß Poesie nicht allein Kunde von einem untergegangenen Paradiese, sondern auch Ahndung eines wieder zu gewinnenden sei, zu dem alle herrliche Thaten hinstreben, so daß aus allem Herrlichen der Wirklichkeit die eine Seite der Poesie sich entfaltet. Dieser letzte wirkliche Stoff hat häufig den guten Dichtern Deutschlands in der letztvergangenen Zeit gefehlt*, schreibt Arnim (im «Preußischen Correspondenten») einleitend zu einem Auszug aus Fouqués «Gedichte vor und während dem Kriege 1813».[258]

Neben Brentano und Fouqué benützt auch Mme. de Staël ihr schriftstellerisches Talent, um Historisches in ein «lebendiges Bild» der Zeit zu verarbeiten, meint Arnim. Schon im «Preußischen Correspondenten» hatte Arnim über Mme. de Staëls Verbannung aus Frankreich und über die Geschichte ihres Werks «De l'Allemagne» berichtet. Seine Bemerkungen über die Tochter Neckers, die er auf seiner Bildungsreise persönlich kennengelernt, deren Einladung nach Coppet zu kommen er aber mehrmals ausgeschlagen hatte, sind durchaus positiv. Sein späterer Aufsatz im «Gesellschafter» behandelt ihre Arbeit «Betrachtungen über die vornehmsten Begebenheiten der französischen Revolution». Darin, meint Arnim, ist *der Geist der Revolution, wie er sich in zwei sehr verschiedenartigen, aber gleich ausgezeichneten Menschen – die von ihm während ihres ganzen Lebens bald wirkend, bald leidend ergriffen wurden – in Necker und seiner Tochter dargestellt.* Ihre Betrachtungen über Bonapartes Unvermögen, eine «Institution im Staate» oder eine «dauerhafte Macht für sich selbst» zu gründen, hebt Arnim besonders hervor. *Die Ursach dieses Mißgeschicks sucht sie hauptsächlich in der ihm eigenen Verachtung der Menschen und aller Gesetze, Studien und Einrichtungen, welche die Achtung gegen das Menschengeschlecht zur Grundlage haben. Alles war bei ihm Mittel oder Zweck, das Unwillkührliche fand sich bei ihm nirgends.*[259] Mme. de Staël ist nicht nur Geschichtsschreiberin, meint Arnim. Ihre Darlegungen füllen die Lücken in der Geschichte durch Reflexion auf die vergangenen Ereignisse und ihren Zusammenhang mit der Gegenwart.

Einen ähnlichen Beitrag zur Zeitgeschichte, wenngleich nicht vom politischen, sondern vom poetischen Aspekt will Arnim mit seinem Aufsatz über Anna Luise Karsch liefern. Die Karsch war gezwungen, *selbst ihr Leben mit ihren Gedichten zu erhalten.* Diejenigen, meint Arnim, *die eine getreuere Kenntniß ihrer leicht und frei entworfenen Gedichte und der ungeschickten Verbesserungen ihrer gelehrten Freunde haben, bedauern ihre Berührung mit der Kunstbemühung ihrer Zeit.* Der Volksdichterin mögen *die improvisirten Gedichte viel besser als alle gelungen seyn, die sie ohne äußeren Drang an ihrem Schreibtische erfunden hat.* Ihre *Fertigkeit, Verse ohne Vorbereitung zu machen*, wurde von allen bestaunt: *Berlin war damals von so ganz verschiedenen Elementen bewegt, daß eigentlich eine lebende Darstellung davon noch ganz fehlt; aus der ärgsten Kleinstädterei war es der Mittelpunkt großer Weltbegebenheiten geworden; das große*

*Talent auf dem Throne versammelte mancherlei wunderliche Talente um
sich her; Menschen aus allen Ständen hatten sich empor geschwungen; die
größten Widersprüche, Pietisterei und Freidenkerei, entwickelten sich neben einander; es gab einen Haufen von Eigenthümlichkeiten und noch
mehr von Sonderbarkeiten . . . Auch der, von der Dichterin unter dem
Namen Phaon und Alcest angeredete Freund, an den diese Briefe gerichtet sind, gehörte zu diesen eigenthümlichen Bildungen der Zeit, die er in
aller Hinsicht genossen hatte.* Dieser Freund der Karsch, in dessen Nachlaß Arnim die Briefe vorfand, war Arnims Großvater mütterlicherseits.
Neben den kurzen Bemerkungen über Gesinnung, Schaffen und Leben
der Dichterin bringt Arnim auch eine ihm von seinen Verwandten überlieferte Anekdote über die Karsch: Nachdem sie sich bei einem Trinkgelage seines Großvaters zu sehr begeistert hatte, schreibt Arnim, hätte
sie sich am nächsten Morgen mit Lorbeer gekrönt auf einer Bahre vorge-
funden, *die den Betrunkenen zum Verschlafen ihres Rausches bestimmt
war.*

Die Erzählung dieser Begebenheit wurde Grund zu einer Auseinandersetzung zwischen Arnim und Helmina de Chézy, einer Enkelin der
Karsch, mit der Arnim persönlich bekannt war. *Die Enkelinnen . . .
könnten mit demselben Rechte, wie Frau von Chezy, die Geschichte, als
ganz erfunden, öffentlich verrufen,* schreibt Arnim; *. . . denn ihre
Großmütter wären lauter gottesfürchtige Personen von sehr würdi-
gem Betragen gewesen . . . aber ich meine, die selige Karschin würde
gegen die Bekanntmachung der kleinen Trink-Anekdote nichts zu erinnern
finden; sang sie doch selbst ganz offenherzig: «Loben wollt' ich die Begier:
/ Wein zu trinken halbe Nächte, / Wenn mein Milon nur mit mir/Manchen
Abend zechte».*[260]

Wie aus einem Brief Arnims an Büsching vom 21. April 1810 hervorgeht, hatte er die Briefe der Karsch schon damals für eine Veröffentli-
chung im «Pantheon» bestimmt. Dort wurden sie jedoch nicht gedruckt.
Arnims Aufsatz samt den Briefen und Gedichten der Karsch erschien erst
1819 im «Gesellschafter». Sein Versuch, das Talent der Volksdichterin
für die Öffentlichkeit wiederzugewinnen, scheiterte: nicht nur die Gedichte der Karsch, sondern auch sein Aufsatz wurden bald wieder vergessen. Im übrigen war Arnims Interesse an der Karsch durchaus weniger
literaturgeschichtlich als persönlich, denn an literaturgeschichtlichen
Auseinandersetzungen hatte Arnim wenig Gefallen. Daß er ausgezeichnete Kenntnisse auf diesem Gebiet besaß und daß er sein Verständnis der
verschiedenen literarischen Tendenzen und Epochen auf sehr interessante Weise zu präsentieren vermochte, zeigen seine Vorrede zu Marlowes
«Doktor Faustus»[261] und seine Rezension von Franz Horns Überblick
über die Literatur des 18. Jahrhunderts.[262]

Neben Politik und Literatur taucht das Thema Religion immer wieder
in Arnims kleineren Schriften auf. Das fünfzigjährige Jubiläum des Predi-
gers Schmidt gab Arnim den Anlaß zu einem Aufsatz in den «Berliner
Abendblättern», in dem er vorschlägt, daß *statt den in dem beschränkten
Saale der Akademie immer nur wenigen zugänglichen öffentlichen Singe-
abenden, eine der Hauptkirchen unserer Stadt* für diesen Zweck benützt
würden. Der bei der Jubelfeier verlautbarte Appell für Gaben zur

Anna Luise Karsch,
geb. Dürbach.
Zeichnung von
Daniel Chodowiecki

Instandhaltung des Kirchengebäudes brachte Arnims Kommentar: Die Verbindung des Volkes mit der Kirche soll eine lebendige, erzieherische und freiwillige sein, und das Kirchengebäude soll für kulturelle Zwecke der ganzen Gemeinde offenstehen; *so nothwendig scheint es uns, alles für den öffentlichen Gottesdienst zu Errichtende, aus dem freien Willen des Volkes hervorgehen zu lassen; die heiligsten Kirchen sind das Werk milder Stiftungen und freiwilliger Beiträge, und die St. Peterskirche in Rom hat mit aller ihrer Herrlichkeit der Kirche nie vergütet, was durch die dazu eingerichtete, der Gesinnung der Zeit widerwärtige Ablaßkrämerei in der allgemeinsten Schwankung und Trennung der christlichen Kirche für Schaden gestiftet worden* [263]. Treten in diesem Aufsatz Arnims protestantische Ansichten in den Vordergrund, so verteidigt er interne aufklärerische Versuche der katholischen Kirche in seiner *Berichtigung* über Hexenprozesse, die zu einem früher erschienenen Artikel in den «Blättern für literarische Unterhaltung» Stellung nimmt: *Thomasius ist nie für den Ersten ausgegeben worden, der die Hexenprozesse bestritten hat,* schreibt Arnim. *Der Jesuit, welcher die Hexenprozesse bestritt, heißt nicht Spen, sondern Spee, aus dem noch jetzt blühenden gräflichen Hause; sein Einwirken war nicht scheu und unbemerkt, sondern höchst wirksam, praktisch eingreifend . . . Das Auszeichnende an der Wirksamkeit des Thomasius lag nicht darin, daß er wie jene die Gerechtigkeit der Prozesse bestritt, sondern aus philosophischen Gründen ganze Massen bisher geglaubter Erscheinungen von*

Geistern und Teufeln als leer und nichtig verworfen hat.[264] Arnim, der von zeitgenössischen Kritikern oft als Mystiker bezeichnet wurde, ist in religiöser Hinsicht mehr als andere Dichter seiner Epoche mißverstanden worden. Seine Beschäftigung mit Jakob Böhmes Schriften, seine Verteidigung von Persönlichkeiten wie Frau von Krüdener und von Institutionen wie die Münchener Congregation machte ihn für die aufklärerischen Elemente seiner Zeit suspekt. In Wahrheit gab es kaum einen rationaler Denkenden. Seine Bildung und seine Toleranz gegenüber Andersdenkenden aber versagte ihm unbedachte Kritik in Religionsfragen.

Sein gesunder Menschenverstand äußert sich unter anderem in kurzen Aufsätzen wie in einem in den «Blättern für literarische Unterhaltung» erschienenen Artikel *War Luther ein Sachse?*: *Mit Verwunderung lese ich in Nr. 131 d. Bl., daß ein Recensent den Mansfelder Luther als einen Sachsen zur Aushebung für den Ruhm des Landes reclamirt. Mit gleichem Rechte hätte er einige Jahre Westfale, jetzt Preuße genannt werden können,* schreibt Arnim. Augenscheinlich war ihm, der Luther einfach als «Deutschen» bezeichnet wissen wollte, der regionale Anspruch zuwider. Indem er diesen zurückweist, will er aber *um so dankbarer die große Ehre anerkennen des Sachsenlandes, wie es damals allein fähig gewesen, das große Werk seiner Reformation zu tragen, mit großer Aufopferung dasselbe zu bewahren.* Italien streite sich, schreibt Arnim, *wo Colombo geboren, und doch hat nur Spanien den wahren Ruhm gewonnen, seinem Unternehmen Vertrauen und muthige Arme geschenkt zu haben . . . Nicht der Ort der Geburt eines großen Mannes sei künftig gerühmt, sondern der Ort der ihn förderte und eigentlich groß zog. Weder Luther, noch Melanchthon, noch Bugenhagen waren Sachsen, dennoch ist Sachsen das hochverehrte Vaterland der Reformation und Glaubensfreiheit.*[265]

Das allen Religionen gemeinsame positive Element sieht Arnim in ihrer Funktion als Erzieher von Individuum und Menschheit. In dieser großen Aufgabe vereinigen sich die Konfessionen, lösen sich die Meinungsverschiedenheiten. So kann Arnim in seiner Rezension von Varnhagen von Enses «Leben des Grafen von Zinzendorf» sagen: *Gewiß ist es ein schönes Zeugniß höherer Bildung, wenn auch ein Bekenner der katholischen Glaubensansicht unsern Zinzendorf am Schlusse des Buches selig preisen kann, und zwar selig, wie es nur wenig Menschen beschieden.* Arnim hebt Zinzendorfs Einfluß als Erzieher besonders hervor: . . . *als Erzieher, als Anfangspunkt einer neuern, mildern, menschlichgewöhnenden Art zu betrachten, in welcher das Lernen nicht einzig als Ziel und Zweck erscheint,* sei eines seiner Hauptverdienste.[266]

Mit solchen und ähnlichen Arbeiten schließt die letzte Schaffensepoche Arnims, die sich bis zu seinem Tod am 21. Januar 1831, wenige Tage vor seinem 50. Geburtstag, erstreckt. Auch Kritiken über einzelne Theateraufführungen, Vorschläge zu deren Verbesserungen sowie einen langen Aufsatz *Sammlungen zur Theatergeschichte* schrieb Arnim, die hier nicht berücksichtigt wurden. In den Jahren 1828 und 1829 machte Arnim zwei längere Reisen ins Ausland, deren erste ihn nach dem Westen Europas (Belgien, Luxemburg), die zweite nach München, Wien und Prag führte. Seine *Erinnerungen eines Reisenden*, die Beschreibung des *Oktoberfests in München* 1829 und der *Reise bis Halle*, gedruckt in den «Berlinischen

Achim von Arnim. Zeichnung von Clemens Brentano

Blättern für deutsche Frauen», sind Teilergebnisse dieser Unternehmungen. Mit zunehmendem Alter litt Arnim an heftigen Gichtschmerzen. Auch Bettina kränkelte, so daß die beiden abwechselnd in Badeorten Linderung suchten.

Arnim zog sich in den letzten zehn Jahren seines Lebens mehr und mehr vom gesellschaftlichen Leben zurück, das ihn ohnehin nie sonderlich gereizt hatte, und widmete seine politische Tätigkeit dem Wohl seines näheren Umkreises. Die Fülle seiner kleineren Schriften bestätigt seine rege geistige Anteilnahme am literarischen und politischen Geschehen seiner Zeit, die Sorge um die Lebensbedürfnisse von Frau und Kindern verpflichtete ihn der Landwirtschaft auf seinem Gute.

Auf einer seiner letzten Reisen besuchte Arnim nochmals Halle, um sich mit ehemaligen Schulkollegen zu treffen. Adolf Friedrich Graf von Schack, der Sohn eines Kommilitonen Arnims, berichtet in seinen Erinnerungen über seine Eindrücke von dem Dichter: «Mein Vater», schreibt Graf von Schack, «reiste selbst mit mir und brachte, nachdem er mich auf der Schule installirt, noch eine Woche in Halle zu, um die Oertlichkeiten wieder zu sehen, wo er selbst einen Teil seiner Jugend verlebt hatte. Er traf jetzt, nach brieflich gepflogener Verabredung, mit einigen seiner Freunde und Bekannten aus jenen früheren Jahren dort zusammen, die mit ihm an Ort und Stelle die Erinnerung an die gemeinsam verbrachte Studienzeit auffrischen wollten. Unter diesen befand sich auch Ludwig Achim von Arnim . . . Mein Vater hing mit persönlicher Freundschaft an ihm, hatte mir viel von ihm erzählt, pflegte jedoch, wenn ich nun begierig mehr von dem Dichter Arnim und seinen Werken hören wollte, zu sagen, derselbe sei ein vortrefflicher Mensch, aber ein recht schlechter Poet. Diese Bezeichnung machte jedoch keinen Eindruck auf mich; ich stellte mir jeden Autor als eine Art von höherem Wesen vor, und der Moment, wo ich Achim von Arnim zum erstenmal erblickte, erschien mir als einer der größten meines Lebens. Hatte ich doch niemals einen Dichter leibhaftig gesehen! Begierig lauschte ich auf jedes seiner Worte, indem ich dachte, alle seine Reden müßten außergewöhnlich und von denen der gemeinen Sterblichen verschieden sein. Aber bald fand ich mich sehr enttäuscht, da Alles, was er sagte, so plan und schlicht wie möglich war. Mein Vater machte mit ihm mehrere Ausflüge, zum Beispiel nach Eisleben und nach dem Petersberge, wobei ich mitgenommen wurde; ich hatte daher Gelegenheit, ihm viel zuzuhören. Indessen zu meinem lebhaften Verdruß sprach er meistens von Landwirtschaft, welcher er sich mit großem Eifer widmete, auch hie und da von Politik. Ueber Literatur hingegen floß auch nicht die kleinste Aeußerung von seinen Lippen . . . Sein Bild steht übrigens noch lebhaft in meiner Erinnerung als das eines stattlichen, ja schönen Mannes, dessen Zügen und ganzem Wesen das Gepräge großer Herzensgüte aufgedrückt war.»[267]

Der praktisch Denkende mit dem unausrottbaren Idealismus, der Wissenschaftler mit dem Hang zur Poesie, der rationale Familienvater mit seiner phantastisch-grotesken Welt romantischer Schöpfungen – das war der Widerspruch in Arnim, den auch seine Freunde oft nicht zu vereinen wußten. Die Lektüre seiner Novellen und Romane ist auch ohne nähere Kenntnis ihres Schöpfers genußreich und unterhaltend. Will man jedoch das Spiel seines Intellekts im Werk, das reiche Beziehungsgeflecht von Phantasie und Wirklichkeit in seinem Schaffen erfassen, so muß man Arnim als Menschen kennen und verstehen. Dazu haben sich nur Wenige die Mühe genommen, und deshalb konnte Arnim mit Recht klagen: *. . . meine Werke haben das mit dem Himmelreiche gemeinschaftlich, daß die Wenigsten hinein mögen.*[268]

Anmerkungen

1 Max Koch: «Arnim, Klemens und Bettina Brentano, J. Görres». Dt. National-Litteratur, Bd. 146, 1. Teil. Stuttgart o. J. S. VI

2 Carl Nagel: «Die Eltern des Dichters Achim von Arnim». In: «Der Bär von Berlin», 13. Folge, Berlin 1964, S. 98

3 Jürgen Knaack: «Achim von Arnim – Nicht nur Poet». Darmstadt 1976. S. 81

4 Reinhold Steig: «Achim von Arnim und die ihm nahe standen». 3 Bde. Stuttgart 1894–1913. Zitat: I, 3

5 Ebd., I, 1

6 Ebd., I, 2

7 Ebd.

8 Ebd., I, 5

9 Ebd., I, 3

10 C. Schüddekopf und O. Walzel: «Goethe und die Romantik». Schriften der Goethe-Gesellschaft Bd. 14, 2. Teil. Weimar 1899. S. 84

11 Hs., Goethe- und Schiller-Archiv, Weimar (GSA). Nr. 145

12 Hs., GSA, Nr. 145

13 Steig, a. a. O., I, 105

14 Nagel, a. a. O., S. 91

15 Hs., Freies Deutsches Hochstift, Frankfurt a. M. (FDH), Nr. 12 886.

16 Otto Mallon: «Achim von Arnims Beiträge zum ‹Literarischen Conversations-Blatt› und zu den ‹Blättern für literarische Unterhaltung›.» In: «Preußische Jahrbücher» 223 (1931), S. 55

17 Hs., GSA, Nr. 145

18 Hs., GSA, Nr. 145

19 Steig, a. a. O., I, 7

20 Ebd., I, 7–8

21 Ebd., I, 8. Vgl. auch Werner Friedrich: «Friedrich v. Raumer als Historiker und Politiker.» Taura 1929. S. 57

22 Else Rehm: «Unbekannte Briefe Johann Wilhelm Ritters an Arnim, Savigny, Frommann, Schelling und andere aus den Jahren 1800–1803». In: «Jahrbuch des Freien Deutschen Hochstifts» (1917), S. 37

23 Friedrich von Raumer: «Lebenserinnerungen und Briefwechsel» Bd. 1. Leipzig 1861. S. 29

24 Steig, a. a. O., II, 41–42

25 *Sämtliche Romane und Erzählungen*. Hg. von Walther Migge. 3 Bde. München 1962–1965. Zitat: III, 733

26 Hs., GSA, Nr. 163/U2

27 Herbert R. Liedke: «Achim von Arnims Stellung zu Karl Ludwig von Haller und Friedrich dem Großen». In: «Jahrbuch des Freien Deutschen Hochstifts» (1963), S. 335

28 Steig, a. a. O., I, 9

29 Raumer, a. a. O., S. 38

30 Ebd., S. 38–39

31 «Annalen der Physik», Bd. 8 (1801), S. 108

32 Ernst Darmstaedter: «Achim von Arnim und die Naturwissenschaft». In: «Euphorion» 32 (1931), S. 468

33 Steig, a. a. O., I,S. 104

34 *«Goethe und die Romantik»*, a. a. O., S. XLI

35 «Berlinische musikalische Zeitung». Hg. von Friedrich Reichardt. 1. Jg., Nr. 32 (1805), S. 126

36 Raumer, a. a. O., S. 43

37 Ernst Beutler: «Briefe aus dem Brentanokreis». In: «Jahrbuch des Freien Deutschen Hochstifts» (1934/35), S. 376–377

38 Steig, a. a. O., I, 52

39 Beutler, a. a. O., S. 400

40 Steig, a. a. O., II, 322

41 Beutler, a. a. O., S. 400

42 *Sämtliche Romane und Erzählungen*, II, 40

43 Beutler, a. a. O., S. 400

44 Steig, a. a. O., I, 32

45 Ebd., I, 97

46 Hs., GSA, Nr. 226/U10

47 Hs., GSA, Nr. 119

48 Steig, a. a. O., I, 25

49 *Sämtliche Romane und Erzählungen*, II, 344–345

50 Steig, a. a. O.

51 Ebd.

52 Hs., GSA, Nr. 119

53 Steig, a. a. O., I, 32

54 Ebd.

55 *Ariel's Offenbarungen*. Hg. von Jacob Minor. Weimar 1912. S. 284–285

56 Beutler, a. a. O., S. 384

57 Ebd., S. 394–395

58 Helene M. Kastinger Riley: «Zwei unbekannte Briefe Ludwig Achim von Arnims». In: «Études Germaniques» 31, Nr. 1 (1976), S. 38–39

59 Steig, a. a. O., I, 34

60 Ebd., I, 35

61 *Arnims Werke*. Hg. von Monty Jacobs. Bd. 1. Berlin 1908. S. 89

62 Beutler, a. a. O., S. 380

63 Ebd., S. 399, 401

64 *Sämtliche Romane und Erzählungen*, II, 93

65 Ebd., II, 105

66 Ebd., II, 115

67 Beutler, a. a. O., S. 406

68 Ebd., S. 416.

69 Reinhold Steig: «Aus der preußischen Unglückszeit». In: «Deutsche Revue»

38, Nr. 3 (1913), S. 76

70 Jörn Göres: « ‹Was soll geschehen im Glücke›. Ein unveröffentlichter Aufsatz Achim von Arnims». In: «Jahrbuch der deutschen Schiller-Gesellschaft» 5 (1961), S. 199

71 Steig, «Achim von Arnim», a. a. O., I, 67

72 *Erzählungen von Schauspielen.* In: «Europa». Hg. von F. Schlegel. Neuausgabe von E. Behler. Stuttgart 1963. S. 149

73 Ebd., S. 149–150

74 Steig, a. a. O., I, 73

75 Alfred Götze: «Aus dem Briefwechsel der Frau von Staël». In: «Zeitschrift für französische Sprache und Literatur» 79, Nr. 3 (1969), S. 285–287

76 Steig, a. a. O., I, 94

77 Ebd., I, 95

78 Hs., GSA, Nr. 147

79 Steig, a. a. O., I, 103

80 Hs., FDH, Nr. 12723

81 Hs., GSA, Nr. 147

82 Hs., GSA, Nr. 147

83 W. Schellberg und F. Fuchs: «Das unsterbliche Leben». Jena 1939. S. 327

84 Steig, a. a. O., I, 110–111

85 Ebd., I, 120–121

86 Karl Bode: «Die Bearbeitung der Vorlagen in Des Knaben Wunderhorn». Berlin 1909. S. 9

87 Knaack, a. a. O., S. 120–121

88 Steig, a. a. O., I, 38–39

89 Ebd., I, 132

90 Ebd., I, 132–134

91 *Arnims Werke*, S. 65–67

92 Ebd., S. 72–74

93 Ebd., S. 77

94 Steig, a. a. O., I, 142–143

95 Ebd., I, 150

96 Ebd.

97 «Goethes Werke», i. A. von Sophie, Großherzogin v. Sachsen. 19. Bd. Weimar 1895. S. 82

98 Steig, a. a. O., I, 152–153

99 Oscar Fambach: «Der romantische Rückfall». Berlin 1963. S. 1, 9–10

100 «Johann Georg Zimmer und die Romantiker». Hg. von W. B. Zimmer, Frankfurt a. M. 1888, S. 147

101 Josef Körner: «Krisenjahre der Frühromantik» Bd. 1. Brünn–Leipzig–Wien 1936/37. S. 246

102 Fambach, a. a. O., S. 21

103 Heinz Rölleke: «Die Auseinandersetzung Clemens Brentanos mit Johann Heinrich Voss über ‹Des Knaben Wunderhorn›». In: «Jahrbuch des Freien Deutschen Hochstifts» (1968), S. 293

104 Steig, a. a. O., I, 238

105 Fambach, a. a. O., S. 26–27

106 Ebd., S. 32

107 Rölleke, a. a. O., S. 296–297

108 Steig, a. a. O., I, 145
109 Ebd., I, 153
110 Ebd.
111 «Goethe und die Romantik», a. a. O., S. 84
112 Ebd., S. 85
113 Ebd., S. 91–92
114 Ebd., S. 97–98
115 Ebd., S. 106
116 Ebd., S. 103–104
117 Knaack, a. a. O., S. 13
118 Steig, a. a. O., I, 180–181
119 «Goethe und die Romantik», a. a. O., S. 124
120 Steig, «Unglückszeit», a. a. O., S. 62
121 Ebd., S. 62–63
122 Göres, a. a. O., S. 199–200
123 Steig, «Achim von Arnim», a. a. O., I, 208
124 Ebd.
125 Knaack, a. a. O., S. 18
126 Steig, «Unglückszeit», a. a. O., S. 72–73
127 Ebd., S. 68–70
128 Hs., FDH, Nr. 12884
129 Steig, «Unglückszeit», a. a. O., S. 74
130 Ebd., S. 65–67
131 Ebd., S. 68–69
132 Hs., GSA, Nr. 119
133 Steig, «Achim von Arnim», a. a. O., II, 54
134 Ebd., I, 214
135 Ebd.
136 Ebd., II, 55.
137 Reinhold Steig: «Der Herzensroman eines märkischen Romantikers». In: «Vossische Zeitung» Nr. 50 (1912), Sonntagsbeilage Nr. 4, S. 28
138 Steig, «Achim von Arnim», a. a. O., II, 59–60
139 Ebd., II, 69–70
140 Jürgen Knaack: «Ein unbekannter Briefentwurf Achim von Arnims». In: «Jahrbuch des Freien Deutschen Hochstifts» (1972), S. 214
141 Steig, a. a. O., I, 270
142 Ebd., II, 89
143 Ebd., II, 94
144 Ebd., II, 88
145 Joseph von Eichendorff: «Erlebtes: Halle und Heidelberg». In: «Werke». Neu bearbeitet von René Strasser, Bd. 4. Zürich 1965. S. 193–194
146 Ebd., S. 159
147 Ebd., S. 195
148 «Goethe und die Romantik», a. a. O., S. 129
149 Ebd., S. 131
150 Steig, a. a. O., III, 43
151 Ebd., I, 283
152 Ebd., II, 333
153 Reinhold Steig: «Joseph von Görres' Briefe an Achim von Arnim». In: «Neue

Heidelberger Jahrbücher» (1900), S. 130

154 «Briefe der Brüder Grimm an Savigny». Hg. von I. Schnack und W. Schoof.
    Berlin 1953. S. 88

155 «Goethe und die Romantik», a. a. O., S. 141–142

156 Hs., GSA, Nr. 119

157 Steig, «Achim von Arnim», a. a. O., I, 261

158 Ebd., I, 262

159 Ebd., I, 263

160 Ebd., I, 264

161 Ebd., II, 269

162 «Wilhelm und Caroline von Humboldt in ihren Briefen». Hg. von Anna von
    Sydow. 3. Bd. Berlin 1909. S. 101–102

163 Steig, a. a. O., II, 396

164 Ebd.

165 Ebd.

166 Ebd., II, 321–322

167 Beutler, a. a. O., S. 451

168 Ebd., S. 453

169 Steig, a. a. O., II, 396–397

170 Ebd., II, 400

171 Ebd., II, 402

172 Knaack, «Briefentwurf», a. a. O., S. 212

173 *Sämtliche Romane und Erzählungen*, I, 259

174 Hermann F. Weiss: «Unveröffentlichte Prosaentwürfe zur Zeitkritik Achim
    von Arnims um 1810». In: «Jahrbuch des Freien Deutschen Hochstifts»
    (1977), S. 268, 270

175 Steig, a. a. O., III, 62

176 *Sämtliche Romane und Erzählungen*, I, 425–426

177 Ebd., I, 485–486

178 Steig, a. a. O., III, 72–73

179 Ebd., III, 75

180 Ebd., III, 83

181 Roger Paulin: «Gryphius' ‹Cardenio und Celinde› und Arnims ‹Halle und
    Jerusalem›. Eine vergleichende Untersuchung». Tübingen 1968. S. 9

182 «Briefwechsel zwischen Jacob und Wilhelm Grimm aus der Jugendzeit». Hg.
    von H. Grimm und G. Hinrichs. Weimar 1881. S. 190

183 Dorothea Streller: «Arnim und das Drama». Diss. Göttingen 1956. S. 109

184 Steig, a. a. O., III, 95

185 Reinhold Steig: «Heinrich von Kleist's Berliner Kämpfe». Berlin–Stuttgart
    1901. S. 21–22

186 Ebd., S. 29

187 Ebd., S. 31

188 Ebd., S. 33

189 Clemens Brentano: «Der Philister vor, in und nach der Geschichte. Scherzhaf-
    te Abhandlung». Berlin 1811. S. 11

190 Steig, «Achim von Arnim», a. a. O., III, 138

191 Knaack, «Achim von Arnim», a. a. O., S. 135

192 Steig, a. a. O., III, 130

193 Steig, «Berliner Kämpfe» a. a. O., S. 638

194 Lujo Brentano: «Der jugendliche und der gealterte Clemens Brentano über Bettina und Goethe». In: «Jahrbuch des Freien Deutschen Hochstifts» (1929), S. 330

195 «Goethe und die Romantik», a. a. O., S. 356

196 Reinhold Steig: «Goethe in Bettinens Darstellung». In: «Jahrbuch des Freien Deutschen Hochstifts» (1904), S. 349

197 «Goethe und die Romantik», a. a. O., S. 356

198 Ebd., S. 148

199 Ebd., S. 149–150

200 «Der Preußische Correspondent», Nr. 17 (31. Januar 1814)

201 Steig, «Achim von Arnim», a. a. O., III, 327

202 «Achim und Bettina in ihren Briefen». Hg. von Werner Vordtriede. 2 Bde. Frankfurt a. M. 1961. Zitat: I, 19

203 Steig, a. a. O., III, 340

204 «Unbekannte Briefe der Brüder Grimm». Hg. von W. Schoof. Bonn 1960. S. 142

205 Steig, a. a. O., III, 204

206 Ebd., III, 193

207 *Sämtliche Romane und Erzählungen*, I, 519–520

208 Ebd., I, 1051

209 Ebd., I, 517–518

210 «Goethe und die Romantik», a. a. O., S. 152

211 «Achim und Bettina in ihren Briefen», I, 142

212 *Sämtliche Romane und Erzählungen*, II, 585

213 Steig, a. a. O., III, 172

214 Ebd., II, 40

215 *Sämtliche Romane und Erzählungen*, a. a. O.

216 Steig, a. a. O., I, 39

217 *Sämtliche Romane und Erzählungen*, II, 548

218 Ebd., II, 535

219 Steig, a. a. O., III, 192

220 «Berliner Neudrucke». Hg. von L. Geiger. 3. Serie, 1. Bd. Berlin 1892. S. 91

221 Ebd., S. 41

222 *Sämtliche Romane und Erzählungen*, II, 716

223 Ebd., II, 721–722

224 Geiger, a. a. O., S. 116

225 *Sämtliche Romane und Erzählungen*, III, 18

226 Ebd., III, 14

227 Ebd., II, 835

228 Ebd., II, 841

229 «Blätter für literarische Unterhaltung», Nr. 292 (19. Oktober 1830), S. 1168

230 *Sämtliche Romane und Erzählungen*, III, 165

231 Ebd., III, 167

232 Ebd., III, 168

233 Steig, a. a. O., III, 507

234 *Sämtliche Romane und Erzählungen*, III, 519–520

235 Ebd., III, 361

236 Ebd., III, 338

237 Steig, a. a. O., III, 559

238 Ebd., III, 564
239 Hs., A. u. K. Kippenberg Stiftung, Goethe-Museum, Düsseldorf, Nr. 3969
240 Helene M. Kastinger Riley: «Einiges Neue zu den Beziehungen zwischen Frau von Staël und Ludwig Achim von Arnim». In: «Zeitschrift für französische Sprache und Literatur», Nr. 1 (1977), S. 54
241 Knaack, a. a. O., S. 13
242 Göres, a. a. O., S. 200
243 Steig, «Unglückszeit», S. 70
244 Knaack, a. a. O.
245 Ebd., S. 18
246 Ebd.
247 «Rheinischer Merkur», Nr. 197 (21. Februar 1815), S. 3
248 «Rheinischer Merkur», Nr. 21 (21. März 1815), S. 1
249 «Rheinischer Merkur», Nr. 272 (23. Juli 1815), S. 3–4; Nr. 274 (27. Juli 1815), S. 3
250 «Der Gesellschafter», 17. Blatt (29. Januar 1817), S. 67
251 «Achim und Bettina in ihren Briefen», I, 135
252 Knaack, a. a. O., S. 143–145
253 Ebd., S. 122, 124, 126–129
254 Hs., FDH, Nr. 7715,3
255 «Berlinische musikalische Zeitung», a. a. O., 125–126
256 Herbert R. Liedke: «Achim von Arnim's unpublished review of Clemens Brentano's ‹Der Goldfaden›». In: «Journal of English and Germanic Philology» 40 (1941), S. 335
257 «Blätter für literarische Unterhaltung», Nr. 326 (22. November 1830), S. 1304
258 «Der Preussische Correspondent», Nr. 114, S. 4
259 Geiger, a. a. O., S. 38–41
260 Ebd., S. 55–57, 70–74
261 «Doktor Faustus. Tragödie von Christoph Marlowe. Aus dem Englischen übersetzt von Wilhelm Müller». Mit einer Vorrede von Ludwig Achim von Arnim. Berlin 1818
262 Schlußabsatz von Arnim. In: «Heidelbergische Jahrbücher der Literatur», Nr. 63 (1812), S. 1008
263 «Berliner Abendblätter», 74. Blatt (27. Dezember 1810), S. 292
264 «Blätter für literarische Unterhaltung», Nr. 135 (11. Juni 1829), S. 540
265 «Blätter für literarische Unterhaltung», Nr. 196 (25. August 1828), S. 784
266 «Blätter für literarische Unterhaltung», Nr. 213 (1. August 1830), S. 849
267 Adolf Friedrich Graf von Schack: «Ein halbes Jahrhundert. Erinnerungen und Aufzeichnungen». 1. Bd. Stuttgart 1889. S. 14–16
268 Steig, a. a. O., III, 453

Zeittafel

1781   26. Januar: Carl Joachim Friedrich Ludwig von Arnim, genannt «Louis», in Berlin geboren. Älterer Bruder: Karl Otto Ludwig, genannt «Pitt» (1779–1861). Erziehung der Kinder durch die Großmutter Caroline von Labes

1793   Eintritt ins Joachimsthalsche Gymnasium im November

1798   Am 10. Mai Immatrikulation an der Universität Halle als Student der Rechtswissenschaft. Auch Studium der Physik, Mathematik und Chemie

1799   Der Physiker Johann Wilhelm Ritter besucht Arnim in Halle. Erste Veröffentlichungen in den «Annalen der Physik»; Publikation der Abhandlung *Versuch einer Theorie der elektrischen Erscheinungen*. Gründung einer sich wöchentlich treffenden wissenschaftlichen Gesellschaft. Erste Bekanntschaft mit Ludwig Tieck bei Johann Friedrich Reichardt auf Giebichenstein

1800   20. Mai: Immatrikulation an der Universität Göttingen als Student der Mathematik. Umgang mit dem Verleger Dieterich und dessen Frau und mit August Stephan Winkelmann, Eduard Heyer und Charlotte Buffs Sohn Theodor Friedrich Arnold Kestner

1801   Persönliche Begegnung mit Goethe am 8. Juni. Anfang der Freundschaft mit Clemens Brentano. Hinwendung zur Literatur als Hauptbeschäftigung. Entstehung des Erstlingsromans *Hollins Liebeleben*. Im November Aufbruch zur Bildungsreise mit Pitt. Annahme des Dichternamens «Achim»

1802   Frühling in Wien. Beginn von *Ariel's Offenbarungen*. Anfang Juni in Frankfurt bei Brentano. Erste Begegnung mit Bettina. Fortsetzung der Reise in die Schweiz und nach Oberitalien. In Genf Bekanntschaft mit Frau von Krüdener und Mme. de Staël. Entstehung von *Aloys und Rose* (Druck 1803). Ende Dezember in Lyon

1803   Januar in Paris. Schlegel veröffentlicht Arnims *Erzählungen von Schauspielen* in der «Europa». Im Juni Weiterreise nach London. Im Herbst Exkursion nach Wales und Schottland

1804   Tod des Vaters in Berlin. Während der Arbeit an der Erstfassung von *Friedrichs Jugend* erkrankt Arnim lebensgefährlich. Anfang August Antritt der Heimreise. Im November besucht Brentano Arnim in Berlin. Pläne für das *Wunderhorn*

1805   Im August Druck des ersten *Wunderhorn*-Bandes. Besuch bei Goethe in Weimar

1807   Unglückliche Liebe zu Auguste Schwink. Aufsätze in der «Vesta». Im Oktober Wiedersehen mit Brentano. Erste Begegnung mit den Brüdern Grimm

1808	Im Januar Reise nach Heidelberg zur Überwachung der Drucklegung des zweiten und dritten *Wunderhorn*-Bandes. Anschluß an Görres und Creuzer. April bis August Herausgabe der *Zeitung für Einsiedler*
1809	Bewerbung bei Wilhelm von Humboldt um Aufnahme in den Staatsdienst. Im Sommer erscheint die Novellensammlung *Der Wintergarten*, die Bettina gewidmet ist. Arbeit an der *Gräfin Dolores* und dem Drama *Halle und Jerusalem*
1810	Tod der Großmutter am 10. März. Aufsätze und Gedichte in den «Heidelbergischen Jahrbüchern», Kleists «Berliner Abendblättern» u. a. Zur Ostermesse erscheint *Gräfin Dolores*. 4. Dezember: Verlobung mit Bettina Brentano
1811	Gründung und Vorsitz an der «Christlich-deutschen Tischgesellschaft». Am 11. März: Heirat mit Bettina. Im September Ende des freundschaftlichen Verhältnisses mit Goethe. Weitere journalistische Tätigkeit sowie Druck von *Halle und Jerusalem*
1812	Zu Ostern erscheint die *Novellensammlung*, welche *Isabella von Ägypten* enthält. 5. Mai: Geburt des Sohnes Freimund
1813	2. Oktober: Geburt des Sohnes Siegmund
1814	29. Januar: Fichte stirbt. Arnim schreibt Nachruf und Sonett. Am 16. April Übersiedlung nach Wiepersdorf aus Sparsamkeitsgründen
1815	9. Februar: Geburt des Sohnes Friedmund. Erstfassung des Trauerspiels *Die Gleichen* im Sommer vollendet
1816	Mitte April lebensgefährliche Erkrankung. Wiederaufnahme der Arbeit an den *Kronenwächtern*. Ende Dezember zieht Bettina nach Berlin
1817	24. März: Geburt des Sohnes Kühnemund. Zur Ostermesse erscheint der erste Band der *Kronenwächter*
1818	Literarische Aufsätze, Gedichte und Kurzgeschichten: *Der tolle Invalide, Seltsames Begegnen und Wiedersehen, Die zerbrochene Postkutsche, Juvenis, Fürst Ganzgott und Sänger Halbgott*. 23. Oktober: Geburt der Tochter Maximiliane
1819	Beiträge zum «Gesellschafter». Im Juli erscheint die dritte Fassung des Schauspiels *Die Gleichen*
1821	4. März: Geburt der Tochter Armgard. *Owen Tudor* erscheint im «Taschenbuch zum geselligen Vergnügen»
1822	*Die Kirchenordnung* erscheint im «Taschenbuch zum geselligen Vergnügen»
1826	Der Sammelband *Landhausleben* erscheint. Arnim verfertigt ein Verzeichnis seiner Schriften
1827	30. August: Geburt der Tochter Gisela
1828	Aufsätze theatergeschichtlicher, kritischer und politischer Natur. Im Sommer Reise nach Aachen zur Kur. 11. September: Fortsetzung der Reise nach Lüttich, Waterloo, Brüssel, Antwerpen, Luxemburg, Trier
1829	Aufsätze und *Erinnerungen eines Reisenden*. Am 21. September Aufbruch zur Reise nach Leipzig, München, Salzburg, Wien, Prag, Dresden
1831	21. Januar: Plötzlicher Tod Arnims in Wiepersdorf

Zeugnisse

Clemens Brentano
Arnim hat mir unendlich viele herrliche poetische Arbeiten vorgelesen. Deutschland wird ihn einst bewundern und er gewiß ewig mein Freund sein.

An Savigny, 22. Juni 1802. «Das unsterbliche Leben»

Den Mann muß ich lieben, der mich einmal dichten wird, ich liebe dich so, daß ich glaube, Du wirst es tun, tun müssen. – Sei getrost, Du wirst es können, und Du wirst nirgends so bloß das Deinige, doch allein aller Menschen Gedicht gedichtet haben.

An Arnim. 1802

Georg Friedrich Creuzer
Arnim redet sehr wenig; was er sagt, ist gewöhnlich heiterer Scherz. Aber im Stillen, wenn ich so ihm seitwärts ging, hab' ich mich an seiner Erscheinung geweidet. Zuversicht und Kraft sind ihr aufgeprägt. Es ist doch etwas Herrliches um dieses kräftige Auftreten auf den Erdboden, um dieses heitere, klare, feste Blicken in die Welt hinaus, wie wenn sie einem dienen müßte. Das vermag Arnim, und zwar ohne gesuchte Kraft, ohne Brutalisiren, sondern so, daß die Kraft freundlich ist und gemildert und folglich schön. So soll der Mann sein.

«Erinnerung an 1808. Aus dem Leben eines alten Professors». 1846

Joseph Freiherr von Eichendorff
Arnim gehörte zu den seltenen Dichternaturen, die, wie Goethe, ihre poetische Weltansicht jederzeit von der Wirklichkeit zu sondern wissen, und daher besonnen über dem Leben stehen und dieses frei als ein Kunstwerk behandeln.

Erinnerung an 1808. «Erlebtes»

Johann Wolfgang von Goethe
Vielleicht ist Arnim bey Ihnen, wenn dieser Brief anlangt. Danken Sie ihm für das Heft, das er mir geschickt hat. Ob ich gleich den Nifelheimischen Himmel nicht liebe, unter welchem sich der Einsiedler gefällt; so weiß ich doch recht gut, daß gewisse Climaten und Atmosphären nöthig sind, damit diese und jene Pflanze, die wir doch auch nicht entbehren mögen, zum Vorschein komme.

An Bettina, 22. Juni 1808

Wilhelm Grimm
Sein Urtheil war fest, aber seine Gesinnung mild: auch dem Geringsten gönnte er Sonnenschein und Wachsthum. Allem Parteiwesen fremd, hat er den Spaltungen der Zeit gegenüber die edelste Unabhängigkeit bewährt. Er war kein Dichter der Verzweiflung, der an der Pein innerer Zerrissenheit sich ergötzt.

Vorrede, «Sämmtliche Werke». 1839

Heinrich Heine
Ludwig Achim von Arnim ist ein großer Dichter und war einer der originellsten Köpfe der romantischen Schule . . . Im Volke ist dieser Schriftsteller ganz unbekannt geblieben, und er hat nur eine Renommee unter den Literaten. Letztere aber, obgleich sie ihm die unbedingteste Anerkennung zollten, haben sie doch nie öffentlich ihn nach Gebühr gepriesen.

«Die romantische Schule». 1835

Georg Herwegh
Achim von Arnim – entzückender hat sich der träumerische Charakter unserer Nation mit seinem lieben närrischen Treiben nirgends dargestellt . . . Tieck hat gar stolz geschwiegen über seinen Freund Arnim und seiner selten mit einer Silbe gedacht. Tieck fühlte, daß ihm hier eine geistige Größe gegenüberstand, die bei allen verwandten Anklängen an sein eigenes romantisches Gemüt Elemente für ihn enthielt, die er nicht begreifen konnte. Arnim übertrifft Tieck an Tiefe, er kommt ihm gleich im Witze, im Humor, nur daß das Ironische auch im Trefflichsten, was Tieck geschrieben, vorschlägt; er steht ihm nach in der gleichmäßigen Gestaltung einer Idee, in der äußern schulgerechten Glättung der Sprache, hat aber dafür, was Tieck gänzlich abgeht, historischen Sinn.

«Gedichte und kritische Aufsätze». 1839

Hugo von Hofmannsthal
Arnim und Kleist sind wahre Novellisten, das Große und Einmalige, Nichtwiederkehrende der Begebenheit ist ihr Gegenstand. Es ist seltsam und bedeutungsvoll, daß sie beide ihre Begebenheit in fremdes romanisches Land verlegen; aber wie der Verlauf der Erzählung das Herz der Hauptfiguren bloßlegt, ob einer duldenden Frau, oder eines heldenmütigen Jünglings, so sind es deutsche Herzen, die den Figuren in die Brust gelegt sind.

«Deutsche Erzähler». 1912

Bibliographie

Verzeichnis der benutzten Abkürzungen

DVjS	Deutsche Vierteljahrsschrift für Literaturwissenschaft und Geistesgeschichte
EG	Études Germaniques
GLL	German Life and Letters
GR	Germanic Review
GQ	German Quarterly
GRM	Germanisch-romanische Monatsschrift
JbDSG	Jahrbuch der Deutschen Schillergesellschaft
JbFDH	Jahrbuch des Freien Deutschen Hochstifts
JEGP	Journal of English and Germanic Philology
JIG	Jahrbuch für Internationale Germanistik
JSK	Jahrbuch der Sammlung Kippenberg
MLQ	Modern Language Quarterly
MLR	Modern Language Review
PJbb	Preußische Jahrbücher
VjSL	Vierteljahrsschrift für Litteraturgeschichte
WZUH	Wissenschaftliche Zeitschrift der Martin-Luther Universität Halle-Wittenberg
ZdPh	Zeitschrift für Deutsche Philologie
ZFSL	Zeitschrift für Französische Sprache und Literatur

1. Bibliographien, Forschungsberichte, wissenschaftliche Hilfsmittel

a) Zum Gesamtwerk

ARNIM, ACHIM VON: Selbstverfaßtes Verzeichnis seiner Schriften. In: Verzeichniß im Jahre 1825 in Berlin lebender Schriftsteller und ihrer Werke. Berlin 1826. S. 8–9

BURWICK, ROSWITHA und BERND FISCHER (Hg.): Neue Tendenzen der Arnimforschung. Bern 1990 (Germanic Studies in America 60)

DUNCAN, BRUCE: Werke von und über Achim von Arnim seit Volker Hoffmanns «Die Arnim-Forschung 1945–1972». In: Neue Tendenzen der Arnimforschung, S. 289–307

GOEDEKE, KARL: Grundriß zur Geschichte der deutschen Dichtung aus den Quellen. 2. Aufl. Bd. XIV. Hg. von HERBERT JACOB. 1959. S. 119–134, 985f

HOFFMANN, VOLKER: Die Arnim-Forschung 1945–1972. In: DVjS (Sonderheft Oktober 1973), S. 270–342

MALLON, OTTO: Arnim-Bibliographie. Reprografischer Nachdruck der Ausgabe Berlin 1925. Hildesheim 1965

–: Arnims Beiträge zum «Literarischen Conversations-Blatt» und zu den «Blättern für literarische Unterhaltung» (1823–1831). Mit ungedruckten Stücken aus Arnims Nachlaß und einem Anhange über Arnims letzte Beziehungen zu Joseph Görres. In: Preußische Jahrbücher 223 (1931), S. 44–68

b) Zum Wunderhorn

BEHRENS, JÜRGEN [u. a.]: Zum Stand der Arbeiten an der Frankfurter Brentano-Ausgabe. In: JbFDH (1969), S. 398–426 [insbes. S. 409–411]

FRÜHWALD, WOLFGANG: Frankfurter Brentano-Ausgabe: Historisch-kritische Ausgabe sämtlicher Werke und Briefe Clemens Brentanos im Auftrag des FDH. In: JIG 1 (1969), S. 70–80

GAJEK, BERNHARD: Homo Poeta. Zur Kontinuität der Problematik bei Clemens Brentano. In: Goethezeit 3 (1971), S. 597–599

2. Werke

a) Erstausgaben

Vollständiges Verzeichnis in den Mallon- und Goedeke-Bibliographien.

b) Gesamtausgaben

Ludwig Achim's von Arnim sämmtliche Werke. 22 Bde. 1. Ausgabe. Hg. von WILHELM GRIMM, Berlin 1839–1856 [Bd. 21, Wunderhorn IV, nicht erschienen.]

Ludwig Achim's von Arnim sämmtliche Werke. 21 Bde. 2. Ausgabe. Hg. von WILHELM GRIMM, Berlin 1853–1854 [Bd. 22, Gedichte I der Erstausgabe, nicht erschienen.]

Ludwig Achim von Arnim Sämmtliche Werke. 21 Bde. Neudruck der Ausgabe Berlin 1857. Hildesheim 1982

Ludwig Achim von Arnim. Gedichte II. Hg. von HERBERT R. LIEDKE und ALFRED ANGER. Tübingen 1976

Ludwig Achim von Arnim. Unbekannte Aufsätze und Gedichte. Hg. von LUDWIG GEIGER. Berliner Neudrucke. 3. Serie. 1. Bd. Berlin 1892

Arnim, Klemens und Bettina Brentano, J. Görres. 2 Bde. Hg. von MAX KOCH. Deutsche National-Litteratur. 146 Bd. 1. und 2. Teil. Stuttgart 1892

Arnims Werke. Hg. von ALFRED SCHIER. Leipzig–Wien 1920

Achim von Arnim. Sämtliche Romane und Erzählungen. Hg. von WALTHER MIGGE. 3 Bde. München 1962–1965

Ludwig Achim von Arnim. Die Erzählungen und Romane. Hg. von HANS-GEORG WERNER. Bd. 1–4. Leipzig 1981–84

Ludwig Achim von Arnim. Kritische Schriften. Erstdrucke und Unbekanntes. Hg. von HELENE M. KASTINGER RILEY. Greenville, SC 1979. 1988

Achim von Arnim. Werke in sechs Bänden. Hg. von Roswitha Burwick. Frankfurt a. M. 1989ff

c) Wunderhorn-Ausgaben

L. A. v. Arnim und Clemens Brentano. Des Knaben Wunderhorn. Heidelberg 1806–1808 [Zu den vollständigen und Auswahl-Neudrucken vgl. Mallon, S. 13–16 und Goedeke, S. 130–131]
Des Knaben Wunderhorn. Hg. von Hans-Günther Thalheim. 3 Bde. Berlin 1966
Des Knaben Wunderhorn in den Weisen seiner Zeit (Teildruck). Hg. von Erich Stockmann. Dt. Akad. d. Wiss. zu Berlin. Veröffentlichungen des Instituts für Deutsche Volkskunde 16 (1958)
Des Knaben Wunderhorn. Hg. von Heinz Rölleke. (Historisch-kritische) Frankfurter Brentano-Ausgabe Bd. 6–8. Stuttgart 1975. Lesarten: Bd. 9, 1–9, 3. Stuttgart 1975–78

3. Arnims Beiträge in Sammelwerken – Vorreden

(Spezifische Beiträge bei Mallon = M.).
Bunte Reihe kleiner Schriften von Sophie Brentano. 1805 (M. Nr. 25)
Reichardt, Jean Frédéric: Le Troubadour italien, francais et allemand. 1805 (M. Nr. 26)
Reichardt, Louise: XII Deutsche und italiänische romantische Gesaenge mit Begleitung des Piano-Forte componirt. 1806 (M. Nr. 32)
Zum Angedenken der Königin Luise von Preußen. 1810 (M. Nr. 59)
Gesänge der Liedertafel. Bd. 1. 1811 (M. Nr. 71)
Blumenlese aus dem Stammbuche der deutschen mimischen Künstlerin, Frauen Henriette Hendel-Schütz. 1815 (M. Nr. 84)
Reichardt, Louise: Zwölf Gesänge mit Begleitung des Forte-Piano componirt. 1816 (M. Nr. 86)
Waller, H.: Sechzehn leichte Lieder am Klaviere zu singen in Musik gesetzt. 1816 (M. Nr. 87)
Berlinisches Commersbuch. 1817 (M. Nr. 91)
Reichardt, Louise: Gesaenge mit Begleitung des Forte-Piano's componirt. 3. Werkchen. [Um 1817] (M. Nr. 94)
Marlowe, Christoph: Doktor Faustus. Tragödie. Aus dem Englischen übersetzt von Wilhelm Müller. Mit einer Vorrede von Ludwig Achim von Arnim. Berlin 1818
Predigten des alten Herrn Magister Mathesius über die Historien von des ehrwürdigen, in Gott seligen, theuren Manns Gottes, Doktor Martin Luthers Anfang, Lehre, Leben und Sterben. Mit einer Vorrede hg. von Ludwig Achim von Arnim. Berlin 1818
Gaben der Milde. Bd. 4. 1818 (M. Nr. 97)
Die Liedertafel. 1818 (M. Nr. 98)
Die Sängerfahrt. 1818 (M. Nr. 99)
Hellwig, Ludwig: Sechs Gesänge mit Begleitung des Pianoforte in Musik gesetzt. 1818 (M. Nr. 104)

Taschenbuch zum geselligen Vergnügen 1820–1822, 1824 (M. Nr. 108, 114, 119, 131)

Gesänge der jüngeren Liedertafel zu Berlin. 1820 (M. Nr. 112)

RASSMANN, FRIEDRICH: Neuer Kranz deutscher Sonette. 1820 (M. Nr. 113)

Deütsches [sic] Lesebuch. Bd. 2. 1822 (M. Nr. 122)

NEITHARDT, A.: Sechs Gesänge für vier Männerstimmen componirt. Um 1823 (M. Nr. 128)

Frauentaschenbuch für das Jahr 1824 (M. Nr. 130)

WOLLANCK, FRIED.: Deutsche Gesaenge mit Begleitung des Pianoforte componirt. 1828 (M. Nr. 147)

Berliner Musen-Almanach für 1831 (M. Nr. 155)

Sammlung von Gedichten verschiedener Freunde der Dichtkunst im Jüterbog-Luckenwalder Kreise. 1831 (M. Nr. 156)

Musenalmanach für das Jahr 1832. Hg. von AMADEUS WENDT (M. Nr. 159)

4. Zeitschriften und Zeitungen, an denen Arnim mitwirkte

+ = Arnim Herausgeber oder Chefredakteur

Agrippina. Zschr. für Poesie, Literatur, Kritik und Kunst. Hg. von JOH. BAPT. ROUSSEAU. 1824, Nr. 83 (Goedeke Nr. 214)

Allgemeiner Anzeiger der Deutschen. 1808 (M. Nr. 45)

Allgemeines Journal der Chemie. 1800–1801 (M. Nr. 9, 13)

Annalen des Ackerbaues. 1810 (M. Nr. 65)

Annalen der chemischen Literatur. 1803 (M. Nr. 20)

Annalen der Physik. 1799–1807 (M. Nr. 2–4, 6–8, 10, 12, 15, 16, 19, 30, 34)

Askania. 1820 (M. Nr. 109)

Badische Wochenschrift zur Belehrung und Unterhaltung. 1807 (M. Nr. 35)

Berliner Abendblätter. 1810–1811 (M. Nr. 60, 73)

Berliner Conversations-Blatt. 1828 (M. Nr. 143)

Berlinische Blätter für deutsche Frauen. 1829 (M. Nr. 148) [Nachzutragen: Bd. 1 (1829), H. 1, S. 1–12: Hamlet und Jakob. Eine Anmerkung zum Shakespeare]

Berlinische musikalische Zeitung. 1805–1806 (M. Nr. 22, 31)

Blätter für literarische Unterhaltung. 1827–1831 (M. Nr. 141, 145, 146, 149, 150, 153, 154, 158)

Brandenburger Anzeiger. 1819 (M. Nr. 107a. S. 177)

Deutscher Beobachter. 1817 (M. Nr. 92)

Europa. 1803 (M. Nr. 18)

Französische Miscellen. 1803 (M. Nr. 17)

Der Gesellschafter. 1817–1833 (M. Nr. 95, 103, 107, 111, 139, 144, 152, 160, 161) [Vgl. auch M. Nr. 117, 123, 129, 133, 135, 138, 151]

Heidelbergische Jahrbücher der Literatur. 1808–1818 (M. Nr. 40, 48, 49, 61–63, 74, 77, 80, 104a) [Vgl. auch M. Nr. 284, 291, 292]

Isis. 1821 (M. Nr. 115)

Jenaische Allgemeine Literaturzeitung. 1805–1811 (M. Nr. 24, 50, 64, 75)

Der Komet. 1831 (M. Nr. 157)

Leipziger Kunstblatt für gebildete Kunstfreunde. 1817–1818 (M. Nr. 102)

Literarisches Conversations-Blatt. 1823–1824 (M. Nr. 124, 132)

Literatur-Blatt. 1820–1823 (M. Nr. 110, 116, 121, 125)

Miszellen für die neueste Weltkunde. 1808 (M. Nr. 43)

Monatliche Beiträge zur Geschichte dramatischer Kunst und Literatur. 1827–1828 (M. Nr. 140, 142)

Morgenblatt für gebildete Stände. 1808. 1822 (M. Nr. 44, 120)

Nemesis. 1817 (M. Nr. 93) [Arnims Verfasserschaft umstritten.]

Neuer Breslauischer Erzähler. 1811 (M. Nr. 69 a. S. 176)

Originalien aus dem Gebiete der Wahrheit, Kunst, Laune und Phantasie. 1818 (M. Nr. 100)

Pantheon. 1810 (M. Nr. 68) [Arnim als Mitarbeiter genannt. Beiträge nicht ermittelt.]

Phöbus. 1808 (M. Nr. 42) [Arnims Verfasserschaft umstritten.]

+ Der Preußische Correspondent. 1813–1814 (M. Nr. 81, 83) [Vgl. M. Nr. 82, 303]

Prometheus. 1808 (M. Nr. 41, 66)

Der Reichs-Anzeiger. 1805–1806 (M. Nr. 23, 29)

Rheinischer Merkur. 1815 (M. Nr. 85)

Vaterländisches Museum. 1810 (M. Nr. 67) [Arnims Verfasserschaft nicht gesichert.]

Vesta. 1807 (M. Nr. 33)

Vossische Zeitung. = Königlich privilegirte Berlinische Zeitung von Staats- und gelehrten Sachen. 1810–1813. (M. Nr. 56, 78, 82) [Nicht bei Mallon, nicht bei Goedeke, sind folgende Beiträge nachzutragen: *1824.* «Seidenbau» (23. Okt.); «Neue Kanäle»; «Maler-Schulen» (21. Dez.); «See-Messen» (23. Dez.). *1825.* «Gewerbeschule» (5. Jan.); «Pferde-Racen» (18. Jan.); «Antwort eines Landwirths auf den Vorschlag, Magazinscheine auszugeben» (15. Feb.); «Tibetanische Ziegen» (19. Feb.); «Inländische Dampfschiffahrt»; «Armen-Bäder» (3. März); «Der Brabanter Pflug» (12. März); «Lebendige Hecken» (9. April); «Getreidehandel» (14. Mai). *1826.* «Nachreifen der Melonen» (20. Jan.); «Wandernde Leihbibliotheken und Theaterschulen» (21. Jan.); «Gärtnerschulen» (28. Jan.); «Verein der Schmecker» (11. Feb.); «Seidenbau» (25. Okt.)]

Wünschelruthe. 1818 (M. Nr. 101) [Vgl. M. Nr. 289]

+ Zeitung für Einsiedler. 1808 (M. Nr. 39) [Vgl. M. Nr. 40, 44, 45, 46]

Zeitung für die elegante Welt, 1808 (M. Nr. 46)

5. Arnims naturwissenschaftliche Schriften

(In keiner Werkausgabe gedruckt)

1. Versuch einer Theorie der elektrischen Erscheinungen. Halle 1799

2. Annalen der Physik. Bd. I. Hg. von LUDWIG WILHELM GILBERT. Halle 1799:
   «Beschreibung des von H. Hassenfratz verbesserten Ramsdenschen Aerometers» (S. 158–161)

   «Carradori's Einwürfe gegen Spalanzoni's Bemerkungen über das Leuchten des faulen Holzes und der Johanneswürmchen» (S. 209–213)

   «Beschreibung einer neuen hydraulischen Maschine der Bürger Montgolfier und Argant» (S. 363–367)

   «Ueber die Electricität des Wassers, von J. Bressy» (S. 377–378)

   «Ueber den bisher noch nicht beachteten Einfluß der Adhärenz auf die Bestimmung des specifischen Gewichtes fester Körper von dem Bürger Hassenfratz» (S. 396–411)

«Vorschläge zur Vervollkommnung des Areometer, von L. A. von Arnim» (S. 412–423)

«Anmerkung zum vorhergehenden Aufsatze des Bürgers Hassenfratz» (S. 423–424)

«Spezifische Gewichte einiger im Wasser auflöslichen Stoffe, bestimmt vom Bürger Hassenfratz» (S. 425–434)

«Ueber die Zersetzung des Sauerstoffgas durch die reinen Erden» (S. 501 bis 514)

«Bemerkung gegen Hassenfratz's Behauptung von dem Einflusse der Adhärenz auf die Bestimmung des specifischen Gewichts...» (S. 515–518)

3. Annalen der Physik. Bd. II (1799):
«Beschreibung eines Areometers von ganz neuer Einrichtung, erfunden von Herrn Say, Ingenieur-Hauptmann» (S. 230–237)

«Anweisung zum Gebrauche des Areometers von Say ohne Barometerbeobachtungen; allgemeiner Beweis des Marriottischen Gesetzes...» (S. 238–245)

«1. Lemaistres Beschreibung eines von Six erfundenen Thermometers... 2. Beschreibung eines Thermometrographen...» (S. 287–297)

«Beschreibung neuer Barometer mit einigen Zusätzen» (S. 311–333)

«Einige Barometerbeobachtungen» (S. 359–362)

4. Annalen der Physik. Bd. III (1800):
«Ideen zu einer Theorie des Magneten» (S. 48–64) [Erschienen im Sonderdruck.]

«Nachtrag zu den vorhergehenden Abhandlungen des Herrn von Humboldt's» (S. 91–95)

«Perolle's Bemerkungen zu Chladny's Versuchen über die Töne einer Pfeife in verschiedenen Gasarten...» (S. 193–200)

«Beobachtungen über scheinbare Verdoppelung der Gegenstände für das Auge» (S. 249–256)

«Anmerkung zu Wilson's Versuchen über die Bewegung schwimmender Lampen» (S. 458–460)

«Ueber die Versuche mit geblendeten Fledermäusen, von Jurine» (S. 461–464)

5. Annalen der Physik. Bd. IV (1800):
«Gesetze für die Stärke der Schallfortpflanzung durch feste und flüssige Stoffe» (S. 112–115)

«Beitrag zur Berichtigung des Streits über die ersten Gründe der Hygrologie und Hygrometrie» (S. 308–329)

«Ueber einige scheinbare Anomalien im specifischen Gewichte der Verbindung verschiedener Stoffe mit dem Wasser, von J. H. Hassenfratz» (S. 364–368)

«Anmerkungen zu dem vorstehenden Aufsatze des B. Hassenfratz» (S. 369–378)

«Auszüge aus 3 fremdsprachlichen Aufsätzen» [Dizé, Aldini, Fabroni] (S. 410–433)

«Anmerkungen zur Geschichte der von Aldini und Fabroni in den vorhergehenden Aufsätzen beschriebenen Versuche» (S. 434–437)

[Vermischte Bemerkungen] «1. Ein merkwürdiger Versuch des Prof. Abildgaard in Koppenhagen, über die Wirkung des Lichts auf das rothe Quecksilber-Oxyd» (S. 489–490)

6. Annalen der Physik. Bd. V (1800):
«Electrische Versuche» (S. 33–78)

[Nachrichten und Bemerkungen] «I. Von einer älteren Araneologie» (S. 112)
«Anmerkung, über gleiche Polarität an zwei entgegengesetzten Endpunkten eines magnetischen Stoffs» (S. 382–383)
«Uebersicht der magnetischen nicht-metallischen Stoffe» (S. 384–395)
«Anmerkungen zur Lichttheorie» (S. 465–471)
«Aus einem anderen Briefe desselben Verfassers» (S. 472–473)

7. Annalen der Physik. Bd. VI (1800):
«Einige electrische Bemerkungen» (S. 116–119)
[Einige physiologische Bemerkungen] «I. Wirkung des Lichts auf Hirn- und Nerven-Substanz... 2. Vassali und Buniva... 3. Olivi...» (S. 245–248)
«Sind die Flüssigkeiten Nichtleiter der Wärme?...» (S. 407–413)
«Ueber einige bisher nicht beachtete Ursachen des Irrthums bei Versuchen mit dem Eudiometer» (S. 414–423)
«Zu Hrn. v. Arnim's Ideen über die Wirkungen in Kettenverbindungen» (S. 472)

8. Allgemeines Journal der Chemie. Hg. von D. ALEXANDER NICOLAUS SCHERER. Bd. IV. Leipzig (1800):
«Vermischte chemische Beobachtungen vom Hrn. L. A. v. Arnim» (S. 555–568)
«Auszug aus einem Briefe über Zink, Stickgas und Meteorologie. Göttingen, den 20. May 1800» (S. 659–668)

9. Annalen der Physik. Bd. VIII (1801):
«Ideen zu einer Theorie des Magneten... 2. Über die Polarität» (S. 84–108). [Fortsetzung zu dem in Bd. III erschienenen Teil]
«Bemerkungen über Volta's Säule» (S. 163–196) [1. Brief]
«Berichtigung der Untersuchung des rothen sibirischen Bleispaths von Sage» (S. 237–239)
«Bemerkungen über Volta's Säule» (S. 257–283) [2. und 3. Brief] [Erschienen im Sonderdruck.]

10. Annalen der Physik. Bd. IX (1801):
«Aus einem Briefe des Herrn L. A. v. Arnim» (S. 388–389)
«Ueber die Benennung der Endpole der Voltaischen Säule» (S. 494–496)

11. Allgemeines Journal der Chemie. Bd. V (1801):
«2 Besprechungen» [Böckmann-Hildebrandt; Lampadius]» (S. 308–329)
«Auszug aus einem Briefe über Wasser und Kohlenstoff, Göttingen am 24. August» (S. 330)

12. Annalen der Physik. Bd. X (1802):
«Beobachtungen über die Entfärbung und Wiederfärbung des Berlinerblau» (S. 363–367)

13. Annalen der Physik. Bd. XI (1802):
«Von Hrn. L. A. von Arnim. Regensburg den 2ten Jan. 1802» (S. 131–136)

14. Annalen der Physik. Bd. XIII (1803):
«4. Ein Brief Aldini's an Moscati... 5. Barzellotti... 6. Neuere Betrachtungen über sogenannte unterirdische Electrometrie» (S. 461–470)

15. Annalen der chemischen Literatur. Hg. von FRIEDRICH WOLFF. Bd. I. Berlin 1803:
«7 Besprechungen: Volta's neueste Vesuche; J. W. Ritter, Beweis...; J. W. Ritter, Beiträge; Joseph Priestley, The doctrine of phlogiston; Bérthollet, Observations sur le charbon...; Annales de Chimie, Tome XXXVII et XXXIII» (S. 197–399)

16. Annalen der Physik. Bd. XXII (1806):
   «Steinregen» (S. 331)
17. Annalen der Physik. Bd. XXVI (1807):
   «Eine Berichtigung, die Haarröhrchen betreffend» (S. 479–480)

6. Die wichtigsten Nachlaßeditionen

BEUTLER, ERNST: Briefe aus dem Brentanokreis. In: JbFDH (1934/35), S. 367–455

Briefe an Ludwig Tieck. Hg. von KARL VON HOLTEI. Bd. I. Breslau 1864. S. 9–15

GEIGER, LUDWIG: Achim von Arnims Beiträge zum «Litteraturblatt» nebst ungedruckten Briefen Müllners und Arnims. In: Zeitschrift für vergleichende Litteraturgeschichte NF. Bd. 12 (1898), S. 209–229

GÖRES, JÖRN: «Was soll geschehen im Glücke». Ein unveröffentlichter Aufsatz Achim von Arnims. In: JbDSG 5 (1961), S. 196–221

GÖTZE, ALFRED: Unveröffentlichtes aus dem Briefwechsel der Frau von Staël. In: ZFSL 78 (1968), S. 193–228

HÄRTL, HEINZ: Briefe Arnims an Brentano aus dem Arnim-Nachlaß des Goethe- und Schiller-Archivs. In: Neue Arnimforschung. S. 120–197

KNAACK, JÜRGEN: Ein unbekannter Briefentwurf Achim von Arnims. In: JbFDH (1972), S. 203–222

LIEDKE, HERBERT: Achim von Arnims Stellung zu Karl Ludwig von Haller und Friedrich dem Großen. Zwei unbekannte Rezensionen. In: JbFDH (1963), S. 296–340

–: Achim von Arnim's Unpublished Review of Clemens Brentano's «Der Goldfaden». In: JEGP 40 (1941), S. 331–338

–: Arnims unveröffentlichte Besprechung von Jean Pauls «Schmelzle». In: Monatshefte 33 (1941), S. 275–284

–: Unknown Portrait Sketches of Arnim by Clemens Brentano. In: GR 14 (1939), S. 154–158

–: Vorstudien Achim von Arnims zur «Gräfin Dolores». 1. Teil. Die Handschrift von der Geschichte des Prediger Tanner. In: JbFDH (1964), S. 236–342

–: Vorstudien. 2. Teil. Entwurf und Quellen zur Geschichte der verlorenen Erbprinzessin Wenda. In: JbFDH (1965), S. 237–313

–: Vorstudien. 3. Teil. Die Handschrift Dichtung in Bildern. Fragment aus einem Druckmanuskript der «Gräfin Dolores». In: JbFDH (1966), S. 229–308

MALLON, OTTO: Achim von Arnims Beiträge zum «Literarischen Conversations-Blatt» und zu den «Blättern für literarische Unterhaltung» (1823–1831). In: PJbb 223 (1931), S. 44–68

MIGGE, WALTHER: Fragment einer unbekannten Erzählung von Achim von Arnim. In: JbFDH (1962), S. 307–378

REHM, ELSE: Unbekannte Briefe Johann Wilhelm Ritters an Arnim, Savigny, Frommann, Schelling und andere aus den Jahren 1800–1803. In: JbFDH (1971), S. 32–89

RILEY, HELENE M. KASTINGER: Einiges Neue zu den Beziehungen zwischen Frau von Staël und Ludwig Achim von Arnim. In: ZFSL 87, Heft 1 (1977), S. 53–59

–: «Ueber Manier und Character». Ein unbekannter Aufsatz Achim von Arnims. In: JbFDH (1975), S. 212–222

–: Zwei unbekannte Briefe Ludwig Achim von Arnims. In: EG 31, Nr. 2 (1976), S. 236

–: Frühromantische Tendenzen bei Ludwig Achim von Arnim, erläutert anhand von zwei unbekannten frühen Manuskripten. In: JbFDH (1980), S. 272–299

–: Achim von Arnim: «Acht Aufsätze über Epikurs Phielosophie»: Die Entwicklung moralphilosophischer und ästhetischer Grundsätze des Romantikers Ludwig Achim von Arnim anhand eines unbekannten Traktats aus den Jugendjahren. In: Aurora 45 (1985), S. 205–282

RÖLLEKE, HEINZ: Scherzhafte Bildbeschreibungen Clemens Brentanos und Achim von Arnims. Zwei neu entdeckte Autographen im Nachlaß der Brüder Grimm. In: ZdPh 93 (1974), S. 579–586

WEISS, HERMANN F. (Hg.): Unbekannte Briefe von und an Achim von Arnim aus der Sammlung Varnhagen und anderen Beständen. Berlin 1986

–: Unveröffentlichte Briefe aus den Beständen des Freien Deutschen Hochstifts und der Biblioteka Jagiellonska. In: JbFDH 1987, S. 260–313

7. Briefausgaben

Das bisher vollständigste Briefverzeichnis bei J. KNAACK: Achim von Arnim – Nicht nur Poet [Für Einzelveröffentlichungen siehe oben, Nr. 6]

Joseph von Görres. Gesammelte Briefe. 2. und 3. Bd. Hg. von FRANZ BINDER. München 1874

Achim von Arnim und die ihm nahe standen. 3 Bde. Hg. von REINHOLD STEIG. Stuttgart 1894–1913

Goethe und die Romantik. Bd. 2. Hg. von CARLL SCHÜDDEKOPF und OSKAR WALZEL. Weimar 1899 (Schriften der Goethe-Gesellschaft Bd. 14)

Krisenjahre der Frühromantik. Briefe aus dem Schlegelkreis. Hg. von JOSEF KÖRNER, Bd. 1. Leipzig 1936

Das unsterbliche Leben. Unbekannte Briefe von Clemens Brentano. Hg. von WILHELM SCHELLENBERG und FRIEDRICH FUCHS. Jena 1939

Die Andacht zum Menschenbilde. Unbekannte Briefe von Bettina Brentano. Hg. von WILHELM SCHELLBERG und FRIEDRICH FUCHS. Jena 1942

Achim und Bettina in ihren Briefen. Briefwechsel Achim von Arnim und Bettina Brentano. 2 Bde. Hg. von WERNER VORDTRIEDE. Frankfurt a. M. 1961

ARNIM, ACHIM VON und BETTINA VON ARNIM: Bettine und Arnim. Briefe der Freundschaft und Liebe. Hg. von Otto Betz und Veronika Straub. Bd. 1.1. Frankfurt a. M. 1986–87

8. Lebenszeugnisse und Studien zur Biographie

AMELUNG, HEINZ: Briefwechsel zwischen Clemens Brentano und Sophie Mereau. Potsdam 1939

ARNIM, CLARA VON: Bilder zur Biographie Achim von Arnims. In: Aurora 46 (1986), S. 15–17

–: Der grüne Baum des Lebens. Bern 1989

EICHENDORFF, JOSEPH VON: Erlebtes: Halle und Heidelberg. In: Werke. Neu bearbeitet von RENÉ STRASSER. Bd. 4. Zürich 1965

FONTANE, THEODOR: Wanderungen durch die Mark Brandenburg. Bd. I. Die Grafschaft Ruppin. In: Sämtliche Werke Bd. 9. München 1960

GUIGNARD, RENÉ: Achim von Arnim 1781–1831. In: Publications de la Faculté des Lettres d'Alger II, 9, 1936

HOERMANN, ROLAND: Achim von Arnim. Boston 1984

HOWIE, MARGARET D.: Achim von Arnim and Scotland. In: Modern Language Review 17 (1922), S. 157–164

KAHN-WALLERSTEIN, CARMEN: Bettine und Achim von Arnim. Eine unromantische Romantikerehe. In: Schweizer Rundschau 51 (1951/52), S. 283–289

KNAACK, JÜRGEN: Achim von Arnim: eine politische Biographie. In: Neue Arnimforschung, S. 9–24

NAGEL, CARL: Die Eltern des Dichters Achim von Arnim. In: Der Bär von Berlin, 13. Folge (1964), S. 89–99

NESTLER, HERMANN: Der Regensburger Aufenthalt Achim von Arnims. Verh. des Histor. Ver. f. d. Oberpfalz 8 (1931), S. 118–120

PEYRAUBE, JACQUES: La sensibilité d'Arnim dans sa correspondance avec Bettina. In: Études Germaniques 21 (1966), S. 188–204

PISSIN, RAIMUND: Zehn ungedruckte Briefe an Bettina und Achim von Arnim. In: Preußische Jahrbücher 240 (1935)

RILEY, HELENE M. KASTINGER: Ludwig Achim von Arnims Jugend- und Reisejahre. Ein Beitrag zur Biographie. Bonn 1978

SCHACK, ADOLF FRIEDRICH GRAF VON: Ein halbes Jahrhundert. Erinnerungen und Aufzeichnungen. Bd. I. Stuttgart 1889

SCHULTZ, HARTWIG: Zwei Zirkulare Arnims zur deutschen Tischgesellschaft. In: Aurora 46 (1986), S. 11–14

SEIDEL, INA: Achim von Arnim. Stuttgart 1944

STERNBERG, THOMAS: «Und auch wenn wir entschiedne Protestanten sind.» Achim von Arnim zu Religion und Konfession. In: Neue Arnimforschung, S. 25–59

VARNHAGEN VON ENSE: Denkwürdigkeiten des eigenen Lebens. Bd. I. Leipzig 1871

9. Untersuchungen

a) Zur Gattungstheorie

1. Drama

BURWICK, ROSWITHA W.: Achim von Arnims Verhältnis zur Bühne und seine Dramen. [Diss. Univ. of California] Los Angeles 1972

EHRLICH, LOTHAR: Ludwig Achim von Arnim als Dramatiker. Ein Beitrag zur Geschichte des romantischen Dramas. [Diss.] Halle 1970

FALKNER, GERHARD: Die Dramen Achim von Arnims. Zürich 1962

SCHREYER, JOHANNES: Die psychologische Motivierung in Arnims Dramen. [Diss.] Halle-Wittenberg 1929 – Druck: Hermea 26 – Neudruck 1970

WILLIAMS, TENA: Romantic Tragedy, Theory vs. Theater. [Diss.] Yale 1977

2. Novelle

ARON, PAUL: Achim von Arnim als Novellist. [Diss.] Frankfurt a. M. 1925

BONFIGLIO, THOMAS PAUL: Achim von Arnim's «Novellensammlung 1812». Balance and mediation. New York 1987

DEBUS, KARL: Achim von Arnims Beitrag zur novellistischen Kunst der Romantik. [Diss.] München 1923

3. Roman

OFFERMANNS, ERNST L.: Achim von Arnims Beitrag zum romantischen Roman. In: Aurora 46 (1986), S. 120–128

PULIS, JANE FRANCES: Achim von Arnim. Poetic Conscience in the Zeitroman. [Diss.] Harvard 1968/69

SCHULTZ, HARTWIG: «Dieses bewußtlose Fortrollen in mancherlei Gedanken». Zur Bedeutung von Arnims rudimentären Versen im Roman-Kontext. In: Aurora 46 (1986), S. 99–111

b) Zur Literaturtheorie

ANDERMATT, MICHAEL: Produktive Rezeption. Vergleich, Metapher und Allegorie in der zeitgenössischen Arnim-Kritik. In: Aurora 50 (1990), S. 219–229

BURWICK, ROSWITHA: Dichtung und Malerei bei Achim von Arnim. Berlin 1989

HAUSNER, GERTRUD: Achim von Arnim und die Literatur des 17. Jahrhunderts. [Diss.] Wien 1934

HAUSTEIN, BERND: Achim von Arnims dichterische Auseinandersetzung mit dem romantischen Idealismus. Zur Identitäts- und Entfremdungsproblematik. [Diss.] München 1971

HENCKMANN, GISELA: «... wie die alten Amazonen der Fabelwelt». Die antike Mythologie im Werk Achim von Arnims. In: Klassik und Moderne, S. 272–288

HOERMANN, ROLAND WILLIAM: Symbolism and Mediation in Arnim's View of Romantic Phantasy. In: Monatshefte 54 (1962), S. 201–215

HOFFMANN, VOLKER: Künstliche Zeugung und Zeugung von Kunst im Erzählwerk Achim von Arnims. In: Aurora 46 (1986), S. 158–167

KIERMEIER-DEBRE, JOSEPH: «Gespräche in Liedern». Eine Anregung und ihre Folgen am Beispiel von Arnims Liederspiel «Markgraf Otto von Brandenburg». In: Aurora 46 (1986), S. 174–261

KNAPP, GOTTFRIED: Groteske, Phantastik, Humor und die Entstehung der polyphonen Schreibweise in Achim von Arnims erzählender Dichtung. [Diss.] München 1972

KRATZSCH, KONRAD: Untersuchungen zur Genese und Struktur der Erzählungen Ludwig Achim von Arnims. [Diss.] Jena 1968

LIEDKE, HERBERT R.: Literary Criticism and Romantic Theory in the Works of Achim von Arnim. New York 1937

MOERING, RENATE: Die offene Romanform von Arnims «Gräfin Dolores». Heidelberg 1978

NIENHAUS, STEFAN: «Nichts sey ohne Ernst und Scherz». Achim von Arnims Gedicht-Collage «Die Glockentaufe» und Schillers «Lied von der Glocke». In: Wirkendes Wort 41 (1991), S. 357–363

NOACK, PAUL: Phantastik und Realismus in den Novellen Achim von Arnims. [Diss.] Freiburg i. B. 1952

RASCH, WOLFDIETRICH: Reiz und Bedeutung des Unwahrscheinlichen in den Erzählungen Arnims. In: Aurora 45 (1985), S. 301–309

RILEY, HELENE M. KASTINGER: Idee und Gestaltung. Das konfigurative Strukturprinzip bei Ludwig Achim von Arnim. Bern 1977

–: Das Bild der Antike in der deutschen Romantik. Amsterdam 1983

SPRENGEL, PETER: Triumph und Versammlung. Strukturen des Festspiels in Klassik und Romantik. In: Aurora 50 (1990), S. 1–26

STEFFEN, HANS: Lichtsymbolik und Figuration in Arnims erzählender Dichtung. In: Die deutsche Romantik. Göttingen 1967. S. 180–199

STERNBERG, THOMAS: Spontanes Sprechen in Versen. Material zu Achim von Arnims Lyriktheorie. In: Aurora 46 (1986), S. 70–86

STOP, ELISABETH: Arnim's «Luisen-Kantate» as Romantic occasional verse. In: Aurora 46 (1986), S. 87–98

THOMASBERGER, ANDREAS: Der gedichtete Dichter. Zum metaphorischen Charakter der «Ausflüge mit Hölderlin» von Ludwig Achim von Arnim. In: Aurora 45 (1985), S. 283–300

WERNER, HANS-GEORG: Zur Technik des Erzählers Achim von Arnim. In: Neue Arnimforschung, S. 60–75

WINGERTSZAHN, CHRISTOPH: Ambiguität und Ambivalenz im erzählerischen Werk Achims von Arnim. Mit einem Anhang unbekannter Texte aus Arnims Nachlaß. St. Ingbert 1990 (Saarbrücker Beiträge zur Literaturwissenschaft 23).

c) Zum Geschichtsbild

GÖRES, JÖRN: Das Verhältnis von Historie und Poesie in der Erzählkunst L. Achim von Arnims. [Diss.] Heidelberg 1956

BOTTINELLI, AUDE: Histoire et «poesie» chez Achim d'Arnim: «Les gardiens de la couronne». In: Chroniques allemandes 1992, S. 107–117

FISCHER, BERND: Interpretation als Geschichtsschreibung: zur poetischen Imagination Achim von Arnims. In: Etudes 43 (1988), S. 179–194

PAULIN, ROGER: Der historische und poetologische Ort von Arnims «Ariels Offenbarungen». In: Aurora 46 (1986), S. 112–119

RILEY, HELENE M. KASTINGER: «Figuration und Geschichte im Hamlet». In: Anglia 100, H. 3/4 (1982), S. 426–434

d) Zu Politik und Wissenschaft

BONFIGLIO, THOMAS P.: Electric affinities: Arnim and Schelling's «Naturphilosophie». In: Euphorion 81 (1987), S. 217–239

BURWICK, FREDERICK: Elektrizität und Optik: Zu den Beziehungen zwischen wissenschaftlichen und literarischen Schriften Achim von Arnims. In: Aurora 46 (1986), S. 19–47

BURWICK, ROSWITHA: Achim von Arnim: Physiker und Poet. In: Literaturwiss. Jb. der Görres-Ges. 26 (1985), S. 121–150

DARMSTAEDTER, ERNST: Achim von Arnim und die Naturwissenschaften. In: Euphorion 32 (1931), S. 454–476

HENCKMANN, GISELA: Das Problem des «Antisemitismus» bei Achim von Arnim. In: Aurora 46 (1986), S. 48–69

KNAACK, JÜRGEN: Achim von Arnim – Nicht nur Poet. Darmstadt 1976

SAUDER, GERHARD: Reflexe der Französischen Revolution in Achim von Arnims Erzählungen. In: Romantiques allemands et la Revolution francaise, S. 281–294

d) Verhältnis zu anderen Persönlichkeiten

BERCHTENREITER, IRMGARD: Achim von Arnims Vermittlerrolle zwischen Jacob Böhme als Dichter und seiner «Wintergartengesellschaft». [Diss.] München 1971

BURWICK, ROSWITHA: Verschiedene Empfindungen vor Friedrichs Seelandschaft: Arnim, Brentano, Kleist. In: ZfdPh 107 (1988), Sonderh. S. 33–44

–: Die Beziehungen zwischen Arnim und Ruhl. Mit einer unbekannten Porträtskizze und einem Stammbuchblatt. In: JbFDH (1990), S. 166–183

FRÜHWALD, WOLFGANG: Achim von Arnim und Clemens Brentano. In: Handbuch der deutschen Erzählung, S. 145–158 und 574–576

–: Repräsentation der Romantik. Zum Einfluß Achim von Arnims auf Leben und Werk Joseph von Eichendorffs. In: Aurora 46 (1986), S. 1–10

GRAEVENITZ, GERHART VON und WALTRAUD WIETHÖLTER: Herrschaftstheatralik. Pleiade – Achim von Arnim – Heinrich Mann. In: Akten des 7. Internationalen Germanisten-Kongresses 8, S. 86–106

HÄRTL, HEINZ: Romantischer Antisemitismus: Arnim und die «Tischgesellschaft». In: Traditionen und Traditionssuche. In: Weimarer Beiträge 33 (1987), S. 1159–1173

HOLT, R.: Achim von Arnim and Sir Walter Scott. In: German Life and Letters 26 (1972/73), S. 142–160

KÖRNER, JOSEF: Achim von Arnim und Frau von Staël. In: Kölnische Zeitung, Nr. 39 (1931)

–: Brentano parodiert den Arnim. In: ZdPh 52 (1927), S. 152

MOERING, RENATE: Arnims künstlerische Zusammenarbeit mit Johann Friedrich Reichardt und Louise Reichardt. In: Neue Arnimforschung, S. 198–288

NOGUCHI, YOSHIKO: Eine Märchen-Debatte zwischen Grimm und Arnim. In: Doitsu Bungaku 86 (1991), S. 85–95 (Japan. mit dt. Zsfassung).

PEUCKER, BRIGITTE: The invalidation of Arnim: Herzog's «Signs of life» (1968). In: German film and Literature, S. 217–230

RÖLLEKE, HEINZ: Frontalbo redivivus. Ein Zeugnis für Jacob Grimms Mitarbeit an Arnims «Zeitung für Einsiedler». In: Brüder Grimm Gedenken 5 (1985), S. 60–67

THALHEIM, HANS-GÜNTHER: Natur- und Kunstpoesie. Eine Kontroverse zwischen Jacob Grimm und Achim von Arnim über die Aneignung älterer, besonders volkspoetischer Literatur. In: Weimarer Beiträge 32 (1986), S. 1829–1849

10. Einzelinterpretationen

(Zu Besprechungen einzelner Werke in umfangreicheren Untersuchungen vgl. die Hoffmann-Bibliographie, S. 337–342)

Zu Aloys und Rose:

HÄRTL, HEINZ: Ludwig Achim von Arnims frühe Erzählung «Aloys und Rose». In: WZUH 5 (1970), S. 59–68

Zu Die Gleichen:

PERNICE, MAGDALENE: Drei Gleichendramen aus der Zeit des deutschen Idealismus. [Diss.] Greifswald 1925

WEISERT, JOHN J.: Graf von Gleichen «Redivivus». In: Monatshefte 40 (1948), S. 465–470

Zu Fürst Ganzgott und Sänger Halbgott:

LÖSEL, FRANZ: Allusions and word-play in Arnim's «Fürst Ganzgott und Sänger Halbgott». In: GLL 41 (1987/88), S. 213–226

Zur Gräfin Dolores:

FUHRMANN, HELMUT: Achim von Arnims Gräfin Dolores. Versuch einer Interpretation. [Diss.] Köln 1958

HARMS, WOLFGANG: Eine mittelalterliche Ritterlehre in Achim von Arnims «Dichtung in Bildern». In: JbFDH (1974), S. 281–290

MEIXNER, HORST: Romantischer Figuralismus. Kritische Studien zu Romanen von Arnim, Eichendorff und Hoffmann. Frankfurt a. M. 1971 (= Ars poetica. 13)

Zu Halle und Jerusalem:

HOSCHKE, A.: Das unaufgeführte Schauspiel «Halle». In: Heimatkalender für Halle und den Saalkreis 10 (1929), S. 68–71

PAULIN, ROGER: Gryphius' «Cardenio und Celinde» und Arnims «Halle und Jerusalem». Eine vergleichende Untersuchung. Tübingen 1968 (Studien zur deutschen Literatur. 11)

Zum Hanrey:

VIELHABER, GERD: Achim von Arnim: «Der Hanrey» im Studio des Theaterwissenschaftlichen Instituts der Universität Köln. In: Kölner Universitäts-Zeitung 2 (1947/48), S. 86

Zum Hollin:

MÖHRMANN, MALTE: *Hollins Liebeleben* – papierne Passionen oder Wie Textabschnitte zu Helden werden. In: Almanach der Krater Bibliothek 1 (1986), S. 176–195

Zur Isabella:

BONFIGLIO, THOMAS P.: A tropical view of irony and satire in Arnim's Isabella von Ägypten. In: Colloquia Germanica 18 (1985), S. 221–228

NEUMANN, PETER HORST: Legende, Sage und Geschichte in Achim von Arnims «Isabella von Aegypten». Quellen und Deutung. In: JbDSG 12 (1968), S. 296–314

SCHÜRER, ERNST: Quellen und Fluß der Geschichte. Zur Interpretation von Arnims «Isabella von Aegypten». In: Lebendige Form. Interpretationen zur deutschen Literatur. Festschrift für Heinrich Henel. Hg. von J. L. SAMMONS und E. SCHÜRER. München 1970. S. 189–210

Zu Juvenis:

FISCHER, BERND: Achim von Arnims «Juvenis»: ein biographisches Märchen zwischen Kunst und Wissenschaft. In: Neue Arnimforschung, S. 289–307

Zu den Kriegsliedern:
MEYER-ROTERMUND, KURT: Achim von Arnims Göttinger Kriegslieder. In: Die Spinnstube 4 (1927), S. 298–299
RÖLLEKE, HEINZ: Kriegslieder: Achim von Arnims Imitation eines Fliegenden Blattes im Jahre 1806. In: Jahrbuch für Volksliedforschung 16 (1971), S. 73 bis 80

Zu den Kronenwächtern:
BURWICK, ROSWITHA: Kunst und Geschichte in Achim von Arnims «Die Kronenwächter». In: Aurora 46 (1986), S. 129–146
ELCHLEPP, MARGARETE: Achim von Arnims Geschichtsdichtung «Die Kronenwächter». Ein Beitrag zur Gattungsproblematik des historischen Romans. [Diss.] Berlin 1966
LÜTZELER, PAUL MICHAEL: Die Geburt der Kunstsage aus dem Geist der Mittelalter-Romantik: Zur Gattungsbestimmung von Achim von Arnims «Die Kronenwächter». In: Aurora 46 (1986), S. 147–157
NOACK, PAUL: Achim von Arnims «Kronenwächter» – Politik in der Spätromantik. In: Perspektiven der Romantik, S. 63–76
SAUERLAND, KAROL: «Die Kronenwächter» – Auflösung eines Mythos. In: Weimarer Beiträge 14 (1968), S. 868–883
SCHMIDT, ELLINOR: Achim von Arnims Hinwendung zum Mittelalter und dessen Bild in seinem Roman «Die Kronenwächter». [Diss.] Berlin 1951
VORDTRIEDE, WERNER: Achim von Arnims «Kronenwächter». In: Die Neue Rundschau 75 (1962), S. 136–145
WILHELM, AIME: Studien zu den Quellen und Motiven von Achim von Arnims Kronenwächtern. Winterthur 1955

Zu den Majoratsherren:
CASEY, PAUL F.: Images of Birds in Arnim's «Majoratsherren». In: German Life and Letters 33 (1980), S. 190–198
KLUGE, GERHARD: Gotthilf Heinrich Schuberts Auffassung vom tierischen Magnetismus und Achim von Arnims Erzählung «Die Majoratsherren». In: Aurora 46 (1986), S. 168–173
NINOMIYA, MAYA: Achim von Arnims «Die Majoratsherren». In: Deutsche Literatur 34 (1990), S. 93–116 (Japan. mit dt. Zusammenfassung)
OESTERLE, GÜNTER: «Illegitime Kreuzungen». Zur Ikonität und Temporalität des Grotesken in Achim von Arnims «Die Majoratsherren». In: Etudes 43 (1988), S. 25–51
VADAKETHALA, RAPHAEL: Zur Groteskraumgestaltung in Achim von Arnims Erzählung «Die Majoratsherren». In: GSI 15 (1991), S. 41–46

Zu Marino Caboga:
MOERING, RENATE: Quellen und Zeitbezug von Achim von Arnims Drama «Marino Caboga». In: Aurora 46 (1986), S. 262–280

Zu Melück Maria Blainville:
PLACHTA, BODO: Die Darstellung der Französischen Revolution in Achim von Arnims Novelle «Melück Maria Blainville». In: LWU 23 (1990), S. 299–310

Zu den Metamorphosen:
WEISS, HERMANN FRIEDRICH: Achim von Arnim «Metamorphosen der Gesellschaft». Ein Beitrag zur gesellschaftskritischen Erzählkunst der frühen Restaurationsepoche. In: ZdPh 91 (1972), S. 234–251
WERNER, HANS-GEORG: Arnims Erzählung «Metamorphosen der Gesellschaft».

153

Zur Schaffenseigenart und -problematik eines Romantikers in der Restaurationszeit. In: WZUH (1969), S. 183–195

Zu Owen Tudor:

Huschak, Siegfried: Arnim und England. [Diss.] Wien 1934 [Behandelt auch Die Ehenschmiede]

Jones, Katherine: The Source of Achim von Arnim's «Owen Tudor». In: MLR 22 (1927), S. 447

Zum Tollen Invaliden:

Silz, Walter: Arnim, «Der tolle Invalide auf dem Fort Ratonneau» (1818). In: Realism and Reality. Studies in the German Novelle of Poetic Realism. In: U. of North Carolina Studies in the Germanic Langs. and Lits. 11 (1954), S. 29–35

Washington, Lawrence and Ida: The Several Aspects of Fire in Achim von Arnim's «Der tolle Invalide». In: German Quarterly 37 (1964), S. 498–505

Wiese, Benno von: Der tolle Invalide auf dem Fort Ratonneau. In: Die deutsche Novelle von Goethe bis Kafka. Interpretationen II. Berlin 1962. S. 71–86

Zu den Verkleidungen des französischen Hofmeisters:

Riley, Helene M. Kastinger: Achim von Arnims Frauengestalten in «Mistris Lee», «Frau von Saverne» und in den «Verkleidungen des französischen Hofmeisters». In: Neue Arnimforschung, S. 76–86

Zum Waldemar:

Borowansky, Gerta: Die Waldemardichtungen in der deutschen Literatur. [Diss.] Wien 1960

Tschirch, Otto: Der wiedergekehrte Markgraf Waldemar in der deutschen Dichtung. In: Berliner Blätter 2 (1935), S. 97–102, 125–130

Zum Wintergarten:

Rölleke, Heinz: «Hoch so wie die Sonne, steht das Herze mein». Eine Liedeinlage in Arnims «Wintergarten» und ihre Quelle. In: Wirkendes Wort 39 (1989), S. 161–163

Segebrecht, Wulf: Die Thematik des Krieges in Achim von Arnims «Wintergarten». In: Aurora 45 (1985), S. 310–316

Ziegler, Vickie L.: Schreibt für Deutschland: Achim von Arnims «Wintergarten» als nationale Literatur. In: Akten des 7. Internationalen Germanisten-Kongresses 9, S. 208–214

Zum Wunderhorn:

Hoffmann von Fallersleben: Zur Geschichte des Wunderhorns. In: Weimarisches Jahrbuch für deutsche Sprache, Literatur und Kunst (1855). Bd. 2

Kassowitz, Hildegard: Das Wunderhornlied «Die Konstruktion der Welt» in seinem Verhältnis zu den Paradeisspielen. [Diss.] Wien 1956

Mallon, Otto: Goethe und «Des Knabern Wunderhorn». In: Philobiblon 7 (1934), S. 315–323

Rölleke, Heinz: Arnim oder Brentano: Anonyme Anzeigen zu «Des Knaben Wunderhorn». In: Lit. wiss. Jb. 13 (1971)

–: Die Beiträge der Brüder Grimm zu «Des Knaben Wunderhorn». In: Brüder-Grimm-Gedenken II. Hg. von G. Heilfurth und L. Denecke. 1973

–: Forsters «Frische Teutsche Liedlein» und «Des Knaben Wunderhorn». Eine Vorstudie zur Volksliedrezeption im 19. Jahrhundert. In: Lit. wiss. Jb. 13 (1971)

–: Justinus Kerner, Ludwig Uhland und «Des Knaben Wunderhorn». In: Zeiten und Formen in Sprache und Dichtung. Festschrift für Fritz Tschirch zum 70. Geburtstag. Hg. von K.-H. Schirmer und B. Sowinski (1972). S. 278–289

Rother, Michael: Die Briefe der Heidelberger Wunderhorn-Sammlung. Katalog. Heidelberger Bibliotheksschriften 37. 1989

–: und Armin Schlechter: Die Lieder und Sinnsprüche der Heidelberger Wunderhorn-Sammlung. Katalog. Heidelberger Bibliotheksschriften 49. 1992

Schewe, Harry: Neue Wege zu den Quellen des Wunderhorns. In: Jahrbuch für Volksliedforschung 3 (1932), S. 120–147

–: Zu Achim von Arnims Rheinischem Bundeslied. In: Deutsches Jahrbuch für Volkskunde 7 (1961), S. 225 f

Schmidt, Arno: Ein Stralsunder Fund zu den Quellen des Wunderhorns. In: Deutsches Jahrbuch für Volkskunde 1 (1955), S. 224–239

Schmidt, Christian Martin: Die zweite romantische Aneignung. Text und Musik in Gustav Mahlers Wunderhornliedern. In: Athenäum 2 (1992), S. 179–187

Strack, Friedrich: Arnim, Brentano und das Wunderhorn. In: Heidelberg im poetischen Augenblick, S. 121–149

Ulmer, Bernhard: The «Wunderhorn» and the Oldenburger Horn. In: MLQ 10 (1949), S. 281–289

Namenregister

Die *kursiv* gesetzten Zahlen bezeichnen die Abbildungen

Über die Autorin

Helene M. Kastinger Riley, am 11. März 1939 in Wien geboren, studierte zunächst an der Musikhochschule der Stadt Wien. 1959 nach den Vereinigten Staaten übersiedelt, setzte sie ihr Musikstudium weitere vier Jahre an amerikanischen Universitäten fort; 1970 Bakkalaureat. Sie erhielt mehrere Stipendien und wechselte dann ins Fachgebiet der Germanistik. Weiteres Studium an der Rice University in Houston/Texas brachte ihr 1973 den Magistergrad und 1975 den Doktortitel auf Grund einer Dissertation über den Romantiker Ludwig Achim von Arnim. Anschließend unterrichtete sie zehn Jahre an der Abteilung Germanistik der Yale University in New Haven/Connecticut. Seit 1985 hat sie eine ordentliche Professur an der Clemson University in Clemson/South Carolina. Helene Riley ist Verfasserin von zahlreichen Artikeln und Büchern über Achim von Arnim, Clemens Brentano, Virginia Woolf, Romain Rolland, Max Weber und Frauen der Goethezeit. Bei rowohlts monographien erscheint ihr Band über Hildegard von Bingen.

Quellennachweis der Abbildungen

Ullstein Bilderdienst, Berlin: Fr
Clara von Arnim: 8, 10, 12, 13, 15, 31
Bildarchiv Preußischer Kulturbesitz, Berlin: 16, 22, 41, 42, 46, 48, 50, 52, 55, 58, 61, 70, 81, 83, 91, 96, 99, 102, 104, 113, 120
Stiftung Weimarer Klassik, Weimar: 14, 34
Archiv für Kunst und Geschichte, Berlin: 17, 20, 21, 27, 33, 38, 39, 57, 66, 69, 76, 78, 85, 88, 89, 90, 100, 107, 119, 123
Det Kongelige Bibliotek, Kopenhagen: 25
Historisches Museum, Hanau: 67
Brüder Grimm-Museum, Kassel: 68
Aus: Manesse-Katalog, 1976: 75
Freies Deutsches Hochstift, Goethe-Museum, Frankfurt a. M.: 73, 93, 95, 117
Rowohlt Archiv: 94, 125, 127

Wir danken Clara Freifrau von Arnim für die Überlassung unveröffentlichter Bilder aus Familienbesitz.

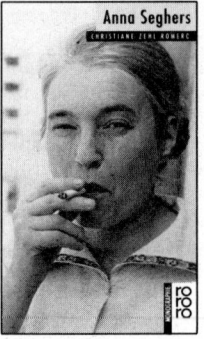

Ein Gesamtverzeichnis der Reihe *rowohlts monographien* finden Sie in der *Rowohlt Revue.* Jedes Vierteljahr neu. Kostenlos in Ihrer Buchhandlung.

rororo bildmonographien